高校生のいじめの心理社会的要因と防止教育実践の評価

佐久間　浩美　著

風　間　書　房

公刊によせて

　佐久間さんは，1984年に千葉大学教育学部特別教科（看護）教員養成課程を卒業されたのち，東京都の小学校，高等学校の養護教諭として30年間勤務され，現職として働きながら2006年に千葉大学大学院教育学研究科養護教育専攻・修士課程で修士を修了されている．その修士課程で指導を受けられた高橋浩之先生のご専門であった認知的スキル，自己管理スキルが，佐久間さんの研究の大きな柱となっており，財産となっている．

　実際に，修士課程修了後，現職である了徳寺大学に勤務されるまでの期間，つまり現職の高校養護教諭という立場にあったときに，おそらく毎日の職務に忙殺されながらも，認知的スキルや自己管理スキルを保健学習や保健行動理論に生かした研究を日本学校保健学会の学術雑誌に報告されている．

　私は，2014年に東京学芸大学大学院連合学校教育学研究科で指導教員を引き受けることになったのだが，入学された時にはすでに佐久間さんは自立して研究を実施するだけの実力を備え，論文を書く力も備えた研究者だったのである．そのため，たいしてアドバイスをする必要もなかったように思う．本書には，その力が存分に発揮され，研究の柱が活かされている．

　さて，本書のもととなったのは，佐久間さんの博士論文「高校生のいじめの心理社会的要因といじめ防止教育実践の評価」である．この博士論文は，高校生のいじめ問題の防止・改善を目的に，ヘルスプロモーションの理念を適用し，いじめ役割行動の関連要因を明らかにする横断的な疫学的研究，それを踏まえて保健委員の生徒と養護教諭が協働して学校全体を巻き込んで行った実践研究，さらにいじめに対する態度や認識，行動の変容を目指した授業開発研究の３つで成り立っている．これまでにも，それぞれ個別の研究としては行われているが，ヘルスプロモーションの理念に基づき，それらを一

連の研究として一つの高等学校で展開した研究は，これまでにない独創的な研究である．とりわけ，保健委員の生徒が中心となり，養護教諭の支援を受けながら，プリシード・プロシードモデルを用いて，いじめ問題の視点で学校の在り方を診断し，さまざまな啓発教材とイベントを企画し，生徒や教員，文化祭を訪れた保護者，地域住民や中学生に影響を与えた実践研究は，特筆すべき意義がある．

すでに，これらの研究のうちいくつかは学校保健研究，日本健康教育学会誌に掲載されている．とくに，「いじめを容認する態度といじめに関わる役割行動に関する検討」（学校保健研究，第58巻3号，131～144，2016）は，2017年に日本学校保健学会の学会賞を受賞しており，優れた業績の一つである．

博士号は研究者のパスポートであると言われるが，佐久間さんの場合はすでにベテラン研究者の域にあり，今後も優れた研究を行うと同時に，後進の研究指導に取り組んでほしいと願っている．

いじめに関する研究や出版物は少なからず存在するが，佐久間さんの研究成果が，これまでの研究に一石を投じるものとなり，注目されることを期待している．

2019年8月

東京学芸大学教授

朝倉　隆司

目　　次

序　章

1．いじめに関する探索的要因研究と課題

　国をあげていじめ防止に取り組むため，2013年にいじめ防止対策推進法[1]が制定されたが，現状では必ずしも有効に対策が機能しているとは言えず，学校現場における有効な手立てが求められている．いじめ防止基本方針に基づき，地方公共団体においては，いじめ問題対策連絡協議会の設置が求められている．そして犯罪行為として取り扱うべきいじめ事案は学校だけではなく警察との連携や，学校においてはスクールカウンセラーを配置し，いじめ事案について組織で適切に対応するなど，さまざまな取り組みが示された[2]．しかし，その後も，いじめにより自らの命を絶つ痛ましい事件が続いている．したがって，いじめが起こってから対処するのではなく，いじめ防止に有効な学校での取り組みやいじめ防止教育などの教育実践の検証が急務となっている．

　そのためには，これまでの研究をもとに，いじめをめぐる行動や役割の社会構造を理解し，それらと強く関連した心理社会的特性と過去に試行された心理教育を把握しておく必要がある．それによって，今後，どのような行動や役割をターゲットにして，その改善に向け，どの心理社会的特性に働きかける教育実践を行えばより有効か，手掛かりが得られる．

　まず，いじめの構造に関する社会学的研究では，いじめは，いじめ被害者といじめ加害者だけの問題ではなく，それ以外の第三者の存在が重要な役割を果たす集団的現象であると指摘されている．森田ら[3]は，いじめ加害者，いじめ被害者のほかに，第三者として周りでいじめをはやし立てるいじめ観衆者，いじめを見て見ぬふりをするいじめ傍観者の4層構造を示し，傍観者

がいじめに加担せず何もしなくても，いじめを黙認したことになり，いじめの被害が増すのを明らかにした．また，いじめ場面に居合わせた時，どのような対応をするのか質問した調査研究では，「関わらないようにした」が一番多く，次に「いじめを応援・参加した」，三番目に「後でその人を慰めた」，四番目に「やめるように言った」という結果が示された[4]．このように学校におけるいじめは，いじめ加害者，被害者だけではなく，傍観者，加担者，相談者，仲裁者が存在する複雑な集団的現象なのである．

　次いで，いじめに関する心理学的研究では，いじめの役割構造に基づきながら，いじめの個人内の特性に注目しているものが多い．たとえば，オルヴェウス[5]は，いじめの発生要因として加害者の攻撃性の高さを指摘しており，いじめ加害者について岡安ら[6]は，不機嫌・怒り，無気力などの精神的ストレス反応が高い，本間[7]は，いじめ被害者への共感的な認知や感情が低いことを明らかにしている．また，いじめ被害者について岡安ら[6]は，抑うつ・不安傾向などのストレス反応が高い，佐藤ら[8]は，いじめ被害者が，いじめに対して何もしない行動が，いじめを長期化させてしまう，菱田ら[9]は，いじめ被害に遭わない者ほど友人や先生からのソーシャル・サポートがあり，家族に関するセルフエスティームが高いことを明らかにしている．さらに，いじめ傍観者に関して市井ら[10]が，いじめ傍観後にいじめに加担した者は，仲間との同調性や拒否不安が高い傾向であることを示している．

　そして，これまでのいじめ防止プログラムの開発では，これらのいじめの役割によって異なる個人内の心理特性や精神健康の特性に基づき，いじめ加害者に焦点を当てた，怒りのコントロールなど攻撃性を適正なものにするプログラム[11]や，いじめ被害者に焦点を当てた，脅しに抵抗し援助を要請するなどの自己主張を獲得させるプログラム[12]，いじめ傍観者に焦点を当てた，いじめに対する集団の役割に気づかせ，いじめ被害者への共感を促進し，援助行動がとれるように支援するプログラム[13]などが考案されている．

　しかし，近年では，いじめ加害者といじめ被害者といった構造が明確に固

定されない「現代型いじめ」[14, 15)]が広がりつつある．現代的いじめの特徴と
して，「不特定多数の加害者が集合化し，匿名性をもって誰を標的にするか
わからない」など加害者，被害者が予見しにくく，いじめが特定の人間だけ
に起きるのではない現象や，「問題を起こしている当人に加害性の認識が低
く，罪障感が希薄になりがち」など明確ないじめ加害の意識がないことが示
されている．朝倉[16)]は，一人の生徒が複数のいじめの役割を取り得ること
を指摘し，加害者，傍観者，仲裁者と分けるのではなく，いじめを役割行動
と考え，いじめ加害者役割行動，いじめ傍観者役割行動，いじめ仲裁，相談
者役割行動とし，状況によりいじめへの態度や行動が違うなど，いじめの役
割の多様性と重層性を示唆している．

　さらに大西[17)]は，いじめについて学級風土を形成する集団規範[18)]に着目
している．集団規範とは「あらゆる集団において，そのメンバーにとって受
容できる（受容できない）態度と行動の範囲を限定する暗黙の価値の尺度[19)]」
と定義されており，大西らは，いじめに否定的な集団規範が高い学級は，低
い学級に比べいじめ加害傾向が低いと述べている．また一旦，いじめを容認
する集団規範が学級風土として形成されると，被害者の抗議・傍観者の仲裁
の抑制，加害者のいじめ行為の促進が予測されるなど，学級集団がいじめを
容認する態度や価値を広く共有しているか否かが，いじめ加害者行動に影響
を及ぼすと示唆している．

　以上より，いじめは学級集団における流動性を持った役割行動であり，そ
れらの役割には様々な個人内の心理的要因や集団規範のような学級風土を形
成する社会的態度が関係していると考えられる．そのため，効果的ないじめ
防止の教育実践には，いじめを容認する態度や，他のいじめに関わる心理社
会的要因が，いじめ役割行動とどのような関連をもつかを明らかにする必要
がある．

2．高等学校におけるいじめ防止の取り組みの課題

　これまでの日本におけるいじめ対策[20]は，いじめ被害生徒に対して，カウンセリングを行い心身の健康を守る支援や，いじめ加害生徒に対して，登校禁止の懲戒を与えるなど，教育相談的あるいは生徒指導的な意味合いが強かった．しかし，前節で述べた通り，いじめは集団において加害者，被害者，傍観者，仲裁者などの役割で構成された集団的現象であり，誰もが加害者，被害者になり得る．したがって，児童生徒のいじめに対する意識を高め，いじめを容認しない学校風土を作るなどの，いじめを防止する教育実践が必要である．今までにも小中学校の教育現場では，多くの学校でいじめ防止の教育実践が行われている[21, 22]．しかし，高等学校においては，いじめ防止の教育実践は多くはない．その理由は2つ考えられる．

　まず，高等学校におけるいじめの実態は教師から見えにくく，学校の課題として捉えられていない．実際に，高等学校におけるいじめの認知件数は，小学校，中学校に比べて少なく[23]，中学校でみられるような物を壊す，隠す，水をかける，暴力を振るうなどの古典的で周囲に分かり易いいじめは多くは無い．しかし，悪口や無視，ネットいじめなど，周囲から見えづらいが，いじめ被害者に精神的なダメージを与える悪質ないじめは増えている[24]．また，高校生のいじめは，中学生のようにいじめ加害に加わらないと次に自分が被害に遭うからいじめに加担するという生徒は減るため，中学生のような「集団対一人」という構造が変化する[25]．しかし，いじめに加担しなくてもいじめ被害者の味方になるわけではなく，「自分には関係がない，いじめられる側にも問題がある」と，いじめを傍観するスタンスを貫こうとする[25]．そのためクラス全員がいじめ加害者になりがちな中学生のいじめと比較すると高校生のいじめは教師側から発見しにくく，学校の課題として捉えられなかったと推察される．

　次いで，高等学校では，いじめ防止教育を実施する時間が確保されていな

い．小学校，中学校においては，いじめ防止の授業を道徳の時間を中心に，特別活動[26,27]などさまざまな時間を用いて学級ごとに行っている．そこでは，アクティブ・ラーニングを取り入れ，グループ討議などを通して，いじめについて児童，生徒に考えさせる指導[28]なども行われている．しかし高等学校には道徳の時間がなく，HR 等では多くの時間が行事の準備や進路選択などに費やされるため，いじめ防止教育を実施する時間が確保されにくい．実際に，多くの高等学校では，学年集会等を利用し，外部講師を呼んで人権教育の一環として，いじめ防止教育を行っている[29]．しかし小学校，中学校のように体験的で実効性のある指導には至っていない．

　このような状況から，高等学校においては，いじめ防止教育が積極的に行われなかったと考えられる．しかし，2013年のいじめ防止対策推進法が制定されて以来，いじめ問題は，小学校，中学校だけではなく，高等学校においても同様に取り組む必要がある[2]と考えられている．文部科学省においては，より一層のいじめ防止教育の充実を図るためいじめ対策の一環として，道徳を「特別の教科　道徳」として教科化した[30]．高等学校においては，道徳の教科化は示されなかったが，東京都などでは，道徳教育とキャリア教育の一体化を図るため「人間と社会」の新教科が設置され，より良い人間関係の構築のための授業を2016年度より施行するようになった[31]．

　以上から高校生においても，いじめは少なくないことや，新教科「人間と社会」を活用していじめ防止教育の実施が可能になったため，今後は高校生の実態に沿った実効性のあるいじめ防止の取り組みが重要となる．そのためには，高校生にとっていじめは自分の問題であると主体的に考えることができ，実際に起こっているいじめ場面において望ましい意思決定・行動選択ができるようになるいじめ防止教育が必要となる．

3．学校におけるヘルスプロモーション活動

　高校生の実態に沿った，いじめ防止教育は，どのように行っていけばよい

のだろうか．2013年に制定されたいじめ防止対策推進法[1]において，「いじめは，いじめを受けた児童などの教育を受ける権利を著しく侵害し，その心身の健全な成長及び人格の形成に重大な影響を与えるのみならず，その生命又は身体に重大な危険を生じさせるおそれがある」と示された．また，いじめは，いじめ被害者の心身の健康に大きな影響を与えるだけではなく，いじめ加害者及び，いじめに関わるすべての者の人間的な成長に大きな影を落とす可能性がある[2]．そのため，いじめは学校における児童生徒の心の健康問題である[32]とされている．

　いじめが，児童生徒の心の健康問題であることから，いじめ防止の取り組みは，学校における児童生徒の健康課題を解決するヘルスプロモーション活動[33,34,35]と考えられる．ヘルスプロモーションとは，1986年，世界保健機関（WHO）オタワ憲章[33]で「人々が自らの健康をコントロールし，改善することができるようにするプロセスである」と定義されている．これは疾病の早期発見・治療から，疾病を予防し健康増進への方向転換と，専門家主体ではなく生活する人々が主体となり，一人一人が自らの健康課題を主体的に解決できるプロセスを意味している．そして推進する上で5つの提言として「健康を重視した公共政策の確立」，「支援的環境の創造」，「地域活動の強化」，「個人のスキルの開発」，「ヘルスサービスの方向転換」[33,36]が示されている．つまりヘルスプロモーションとは，個人のスキルや能力を高める教育的支援と，それを支えるさまざまな環境を整備する環境的支援により，住民が自らの健康問題を主体的に解決できるように支援することであると考えられる．

　このヘルスプロモーションの理念を，学校におけるいじめ問題に当てはめると，いじめに対処するスキルや能力を高める「いじめ防止授業」を充実させること，そして，これらを支える「いじめのない学校環境をつくる」こと，さらに，いじめ問題の解決を教師主導ではなく，生徒主体の活動として取り組むことであると考えられる．このように，いじめ問題をヘルスプロモーションの理念に沿って考えることで，高校生が主体的にいじめについて考え，

自らの問題として解決できることが期待できる.

　ヘルスプロモーションの展開において，望ましい健康行動を導くための介入プログラムとして，1991年，ローレンス W. グリーンとマーシャル W. クロイターにより，プリシード・プロシードモデル（PRECEDE-PROCEED model)[34, 35]が開発された（図0-1）．プリシード・プロシードモデルは，「診断と計画」に関わるプリシードの部分と「実施，評価」に関わるプロシードの部分から成り立っており，対象者の QOL（生活の質）を最上位におき，その資源として健康を位置づけている．このモデルの特徴は，健康問題の準備・強化・実現因子をおさえながら，地域社会での自発的な健康増進プログラムの計画作成・実施・評価のために必要な段階を包括する理論的枠組みを提供している．また，個人的要因のみならず社会的要因にも焦点を当て，個人の資源や周囲の環境も含めている．このようにプリシード・プロシードモ

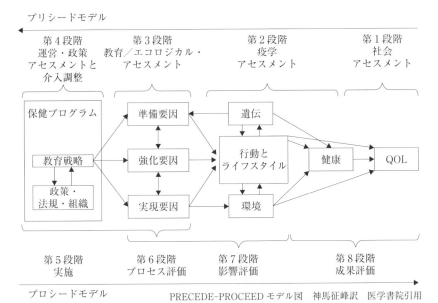

図 0-1　プリシード・プロシードモデル

デルは，健康増進プログラムの作成にあたり事前の評価あるいは，先行条件となる諸条件，特に対象者の特性の把握を目的として行うニーズの査定を重要視している[37].

　具体的に，診断と計画に関わるプリシード部分については，第１段階，社会アセスメントで，対象とする集団の QOL（生活の質）あるいは社会目標やニーズを検討する．第２段階，疫学アセスメントで，第１段階で考えた社会目的や目標に影響を与える具体的健康目標や問題を特定する．第３段階，教育／エコロジカル・アセスメントで，疫学アセスメントで選んだ健康問題に対して直接関係している具体的な保健行動と環境要因の原因について決定する準備要因，強化要因，実現要因の３つの観点から検討する．準備要因は，個人あるいは集団の知識や信念，価値観，態度等である．強化要因は，ある行動をとった時に他者から受け取る報酬やフィードバックである．実現要因は，さまざまな技術や資源である．第４段階，運営・政策アセスメントと介入調整で，プログラムを実現させるための条件として政策や組織に問題はないかなどを検討する．

　実施，評価に関わるプロシード部分については，第５段階，実施で，担当組織がプログラムを実施できる態勢にあるかを調べる．第６段階，プロセス評価で，プログラムの進行状況，資源の活用状況，スタッフ，対象者，関係機関等の反応を検討する．第７段階，影響評価で，第３段階，第２段階で設定した目標値の達成状況を検討する．第８段階，成果評価で，第２段階，第１段階で設定された目標値の状況を検討するとされている．

　このプリシード・プロシードモデルを健康政策に活用すると，地域住民の健康課題が包括的に理解でき，ヘルスプロモーションの理念に基づいた具体的な対策が立てられる．日本においても，このヘルスプロモーションの理念は健康日本21[38]の公衆衛生政策に生かされ，地域住民の健康課題についてプリシード・プロシードモデルを用いて診断し，計画を立て実行，評価し，生活習慣病や高齢者の健康問題への対策を行っている[39,40].

　また，学校においては，1997年，保健体育審議会答申「生涯にわたる心身の健康の保持増進のための今後の健康に関する教育及びスポーツの振興の在り方について」[41]で，ヘルスプロモーションが初めて取り上げられ，主体(生活者) づくりのための健康教育と環境づくり（環境整備）の重要性が示されている．そして現在では，ヘルスプロモーションの理念に基づき包括的にすすめる総合的な健康づくりとして，ヘルス・プロモーティング・スクール[42]が提唱されている．そこでは教育的なアプローチと支援的な環境づくりを両方行い，児童生徒の健康を高めている．例えば，食育の授業を受けた後に，児童は学びを活用し，ヘルシーメニューを企画し，地域の商店街にお弁当として売り出してもらうなど，学校を中心として保護者や地域にまで健康教育を広げる[43]などである．このように近年では，学校教育において，地域や家庭と連携を図り，学校における教科教育，特別活動，その他の学校活動の全領域にわたって，健康によい環境づくりと教育的アプローチの両方を行うヘルスプロモーションの視点[44, 45]が重要であると考えられている．

　これらのことから，本研究においても，学校におけるいじめ防止教育を，ヘルスプロモーションの理念に基づき高校生が主体的に取り組む「いじめのない学校環境づくり」と高校生がいじめについて主体的に考えられるようになる「いじめ防止授業」の2つの側面から考えていく．

4．ヘルスプロモーションの理念に基づく「いじめのない学校環境づくり」

　海外において，ヘルスプロモーションの理念を取り入れ，5つの提言のなかの「支援的環境の創造」と「ヘルスサービスの方向転換」として，いじめのない環境づくりを生徒が主体的に取り組んだいじめ防止の実践として，オーストラリアのドナ・クロスらが行った「サイバー・フレンドリー・スクール・プロジェクト」[46, 47]がある．このプロジェクトでは，サイバー・リーダーとなった生徒がネットいじめ防止のための計画を立て，学校はその実践を

支援している．その成果を3年間に渡り追跡調査した結果，1年目にネットいじめの減少が認められ，2年後にはその成果が持続しなかったものの，ネットいじめについて最もよく知る生徒を積極的に参加させる取り組みは，生徒の意識や行動を変えさせ，いじめ防止に効果をもたらす可能性が示唆された．

　また，日本においては，川畑らの中学生を対象にした「ヘルスプロモーティングスクールの枠組みに基づいたいじめ防止プログラム[48]の開発」の研究が進められている．このプログラムはいじめのない「環境づくり」と「個人的能力の形成」を柱に開発がすすめられている．具体的には，研究者，教育委員会スタッフ，小，中学校の管理職，一般教諭を構成メンバーとするプロジェクトであり，「学校基本方針の作成と実践」「学校―家庭―地域の協力関係」「いじめに関する重要な事柄の理解とライフスキルの形成」に焦点を当てている．ここでは主に教育関係者が中心となり，いじめのない環境づくりが検討されている．

　一方，いじめ問題を高校生の発達課題の側面から考えると，高校生は中学生よりさらに親からの依存から離れ，自らの行動は自ら選択決定したいという独立や自立の要求が高まり，自分の不安や悩みを見つめながらも，その解決を目指し自己確立と社会的自立を目指す時期である[49,50]．そのため高等学校では，自分たちの生活の充実・発展や学校生活の改善・向上を目指すため，生徒の立場から自発的，自治的に行う生徒会活動を重視している．生徒会活動の目標としては，望ましい人間関係を形成し，集団や社会の一員としてよりよい学校生活づくりに参画し，協力して諸問題を解決しようとする自主的，実践的な態度を育てること[50]が示されている．

　これらより，高等学校におけるいじめ問題は，学校において教師が主体となって行うのではなく，高校生が自らの問題として捉え，主体的に取り組む生徒会活動などを通して解決できると考えられる．それは，いじめ問題の当事者である生徒が学校におけるいじめを解決する方向に働きかけることで，

生徒間のいじめに対する意識が高まり，その結果，いじめを容認しない集団規範となる学校風土が醸成され，いじめ防止に有効であると考えられるからである．そして，このように生徒が主体となり，いじめのない環境づくりを行う取り組みは，ヘルスプロモーション活動の一つと考えられる．

　そこで本研究では，高校生がいじめ問題に主体的に取り組み，いじめのない学校を目指して委員会活動の一環として学校全体を巻き込んで行った「いじめ防止プロジェクト」を，ヘルスプロモーション活動の「いじめのない環境づくり」と捉え，活動の成果を検証した．

5．ヘルスプロモーションの理念に基づく「いじめ防止授業」

　いじめについて主体的に考えられるようになる「いじめ防止授業」は，どのように開発していけばよいのであろうか．小学校において，ヘルスプロモーションの理念に基づき，個人のスキルや能力を高めるいじめ防止教育の代表的な授業として，國分が開発した SST[51]（ソーシャルスキル教育）や，渡辺が開発した VLF プログラム[52, 53]（Voices of Love and Freedom）がある．ここでは，人間関係をうまく行う上での社会的なスキルや思いやりを育む心理教育が学級単位でなされており，実施後には対人関係能力が向上していることからいじめ防止に一定の効果があると示唆されている．また，中学校においては，安藤が開発したサクセスフルセルフ[54]のプログラムがあり，自分を知る方法，友達とのもめごとやストレスなど，子どもたちが日々遭遇する様々なトラブルを模擬体験させ，対処法を学ばせている．授業後にはいじめなどの行動上の問題や，うつなど心理的問題の防止に効果があった結果が示されている．これは，小学校，中学校において，社会的スキルを高めることや問題解決の能力を高める授業が，児童生徒のいじめに対する意識を高め，主体的にいじめ防止に取り組める可能性があることを示している．

　では，高校生がいじめ問題を主体的に考えられるようにするために，どのような個人のスキルや能力を高めればよいか，次のように考える．高校生の

いじめが，いじめを容認する学級風土に影響を受けるのであれば，高校生の
いじめを防止するには，いじめに関して周囲の状況に影響を受けている自分
自身に気づき，正しい判断で行動を選択する力が必要になる．そのためには，
多くの情報を集めて思考・判断を行うなど，適切な意思決定・行動選択を行
うスキルを向上させる必要がある．適切な意思決定・行動選択に関わるスキ
ルとして，問題解決的に取り組むスキルがある．

　高橋[55,56,57]は，この問題解決的に取り組むスキルを内部因子にもつ尺度
として，自己管理スキル尺度を開発し，自己管理スキルが高いものほど，適
切な意思決定・行動選択を行い，望ましい保健行動をとる結果を明らかにし
ている．さらに，著者は，自己管理スキルを伸ばすねらいを導入した授業介
入を行い，高校生の性に関わる授業後に，問題解決的に取り組むスキルを向
上させ，性の意思決定・行動選択を望ましい方向に変化させた[58]．また，
精神の健康の授業後には，自己管理スキルを向上させ，ストレス反応を低下
させた[59,60]．自己管理スキルが，高校生の望ましい意思決定・行動選択に
貢献すること[58,59,60]から，自己管理スキルの向上をねらいとしたいじめ防
止の授業は，いじめ行動に関わる望ましい意思決定・行動選択にも貢献する
可能性がある．そこで，本研究では，自己管理スキルを活用し，いじめに対
して主体的に考え，いじめに対する望ましい意思決定・行動選択に貢献する
「いじめ防止授業」の開発を行った．

　以上より，ヘルスプロモーションの理念に基づき高校生が主体的に取り組
む「いじめのない学校環境づくり」や，高校生がいじめについて主体的に考
える「いじめ防止授業」の実践の成果を明らかにすることは，高等学校にお
ける「いじめ防止教育」の推進に貢献し得ると考える．

6．著者の立場

　本研究の第Ⅰ，第Ⅱ章では，著者は高等学校の養護教諭として研究を行い，
第Ⅲ章では，大学教員として研究を行った．第Ⅱ章の研究に協力頂いた高等

学校は著者の当時の勤務校であり，研究協力者は著者と関わりのある生徒である．著者は，養護教諭の立場で研究協力校に所属し，ファシリテーター[61]としてプロジェクトをサポートしているため，第Ⅱ章の研究は，学校内部の者が行ったフィールドワーク[62]である．第Ⅲ章では，著者は，いじめ防止授業の外部講師（大学教員）として授業を行った．以前の勤務校での授業ではあるが，対象となる生徒は，著者と関わりのない生徒である．そのため，学校外部の者が行った介入研究である．章ごとの研究で，立場が異なるため，研究に対する倫理的配慮に違いがある．また，研究の実施においても，生徒や教職員らと著者との関係性が研究成果に影響を与えている可能性が考えられる．そのため生徒や教職員との関係性も含めて研究成果を検討する．

　また，本研究においては，研究協力校及び研究協力者の匿名性を守るため，指導に用いたスライド及びリーフレット等に協力頂いた生徒，学生の氏名は公表しないものとした．

7．本研究の目的と構成

　本研究の目的は，ヘルスプロモーションの理念に基づき高校生が主体的にいじめ問題を考え，いじめに対する望ましい意思決定・行動選択に貢献する「いじめ防止教育」を検討することである．そのため，高校生のいじめ役割行動に影響を与えるいじめに関わる心理社会的要因を明らかにし，高校生が主体的に取り組む「いじめのない学校環境づくり」を検討することや，いじめについて主体的に考えられるようになる「いじめ防止授業」を開発し，実践，評価を行う．

　具体的には以下の3つの観点から研究を行う（図0-2）．

　第Ⅰ章では，ヘルスプロモーションの理念に基づく，いじめ防止教育を行うため高校生のいじめ役割行動といじめに関わる心理社会的要因との関連を検討し，いじめ防止に関する基礎的知見を得る．

【目的1】 高校生のいじめ役割に関わる要因分析（理論編）

ヘルスプロモーションに基づく高校生のいじめに関する要因分析

第Ⅰ章　高校生のいじめ役割行動といじめに関わる心理
　　　　社会的要因との検討（1年生～3年生対象）
　　　　　　量的データ
　　　　　・確認的因子分析

【目的2】 高等学校におけるいじめ防止の教育実践（実践編）

ヘルスプロモーションに基づく高等学校における「いじめのない学校環境づくり」と「いじめ防止授業」の開発

第Ⅱ章　高等学校における「いじめのない学校環境づくり」に関する検
　　　　討（1年生～3年生対象）
　　　　　　量的・質的データ
　　　　　・プリシード・プロシードモデルを活用した「いじめ防止プロ
　　　　　　ジェクト」の実践の成果を量的，質的に分析

第Ⅲ章　高等学校における「いじめ防止授業」に関する検討
　　　　（1年生対象）
　　　　　　量的・質的データ
　　　　　・いじめについて主体的に考える「いじめ防止授業」の成果を
　　　　　　量的，質的に分析

図 0-2　研究のプロセス

　第Ⅱ章では，ヘルスプロモーションの環境的支援である「いじめのない学校環境づくり」を目指して高校生が主体的に活動した「いじめ防止プロジェクト」の取り組みの成果について検討する．

　第Ⅲ章では，ヘルスプロモーションの教育的支援である，教育現場で実用可能な，高校生がいじめに対して主体的に考える「いじめ防止授業」を開発し，その成果を検討する．

注

1 ）文部科学省：いじめ防止対策推進法．Available at：http://law.e-gov.go.jp/html
 data/H25/H25HO071.html　Accessed May 10, 2015

2 ）東京都教育委員会：いじめ総合対策（案）．Available at：http://www.metro.
 tokyo.jp/INET/OSHIRASE/2014/04/DATA/20o4o502.pdf#search　Accessed May
 10, 2015

3 ）森田洋司，清永賢二：いじめ，いじめられ―教室では，いま―．いじめ―教室の
 病い―，20-78，金子書房，東京，1986

4 ）児童生徒の問題行動等に関する調査研究協力者会議：児童生徒のいじめ等に関す
 るアンケート調査結果．（文部科学省教育課程課編）．中等教育資料，63-255，ぎょ
 うせい，東京，1996

5 ）ダン・オルヴェウス，スーザン・P・リンバー，ヴイツキー・C・フラークスほ
 か：いじめのいろいろな側面を理解すること．（小林公司，横田克哉 監訳）．オルヴ
 ェウス・いじめ防止プログラム 学校と教師の道しるべ，128-150，現代人文社，東
 京，2013

6 ）岡安孝弘，高山巌：中学校におけるいじめ被害者および加害者の心理的ストレス．
 教育心理学研究48：410-421，2000

7 ）本間友巳：中学生におけるいじめの停止に関連する要因といじめ加害者への対応．
 教育心理学研究51：390-400，2003

8 ）佐藤宏平，若島孔文，長谷川啓三：小・中・高・専門学校生を対象にしたいじめ
 の調査―いじめの期間と本人の解決努力・解決様式との関連の検討―．日本カウン
 セリング学会第33回大会発表論文集：274-275，2000

9 ）菱田一哉，川畑徹朗，宋昇勲ほか：いじめの影響とレジリエンシー，ソーシャ
 ル・サポート，ライフスキルとの関係―新潟市内の中学校における質問紙調査の結

16

果より―．学校保健研究53：107-126，2011

10）市井桃子，永浦拡，飯尾有未ほか：いじめ加害行動とストレスおよび同調傾性との関連．発達心理臨床研究18：65-74，2012

11）栗原慎二，松瀬明香，金山健一ほか：いじめ防止6時間プログラム．（栗原慎二編）．いじめ防止6時間プログラム　いじめ加害者を出さない指導，31-82，ほんの森出版，東京，2013

12）スーザン・アイコブ・グリーン：アクティビティ1～37．（上田勢子訳）．子どもの「こころ」を親子で考えるワークブック2　いじめは，やめて！，7-134，福村出版，東京，2014

13）Kiva：Kiva Anti-Bullying Program. Available at：http://www.kivaprogram.net/ Accessed May 10, 2015

14）本間友巳：いじめ臨床とは―その理解と意義―．（本間友巳編）．いじめ臨床，3-18，ナカニシヤ出版，京都，2008

15）森田洋司：私事化社会と市民性教育．いじめとは何か　教室の問題，社会の問題，143-175，中央公論新社，東京，2010，

16）朝倉隆司：中学生における対人的な攻撃行動パターンに関する研究―性差と小学校高学年時の遊び方との関連―．学校保健研究42：123-141，2000

17）大西彩子：中学校のいじめに対する学級規範が加害傾向に及ぼす効果．カウンセリング研究40：199-207，2007

18）佐々木薫：集団規範の研究―概念の展開と方法論的吟味―．教育・社会心理学研究4：21-41，1963

19）本間恵美子：いじめに関する社会心理学的一考察．秋田大学教育学部教育研究所報34：17-22，1997

20）文部科学省：学校におけるいじめ問題に関する基本的認識と取組のポイント．Available at：http://www.mext.go.jp/a_menu/shotou/seitoshidou/06102402/002.htm　Accessed May 2, 2016

21）中原千琴，相川充："問題の外在化"を用いたいじめ防止プログラムの試み―小学校低学年における授業を通して―．東京学芸大学紀要 総合教育科学系57：71-81，2006

22）井上淳：いじめの加害者を生まない学級集団を育てる指導の在り方―中学校における「いじめ防止プログラム」の開発を通して―．Available at：http://www.hiroshima-c.ed.jp/center/wp-content/uploads/kenkyu/choken/h25_kouki/kou21.pdf Accessed May 2, 2016

23）文部科学省：平成26年度「児童生徒の問題行動等生徒指導上の諸問題に関する調査」における「いじめ」に関する調査結果について．Available at：http://www.mext.go.jp/b_menu/houdou/27/10/_icsFiles/afieldfile/2015/11/06/1363297_01_1.pdf　Accessed May 2, 2016

24）鈴木佳苗，熊崎（山岡）あゆち，桂（赤坂）瑠以ほか：日本におけるネットいじめの現状と対策(1)－小学生・中学生・高校生を対象とした加害行動の実態調査－．Available at：http://www.slis.tsukuba.ac.jp/ppab/circumstances.html　Accessed May 2, 2016

25）いじめゼロを目指して．Available at：http://ijimezero.com/ Accessed May 2, 2016

26）文部科学省：小学校学習指導要領解説　特別活動編．Available at：http://www.mext.go.jp/a_menu/shotou/new-cs/youryou/syokaisetsu/index.htm　Accessed May 2, 2016

27）文部科学省：中学校学習指導要領解説　特別活動編．Available at：http://www.mext.go.jp/a_menu/shotou/new-cs/youryou/chukaisetsu/index.htm　Accessed May 2, 2016

28）文部科学省：いじめの問題に対する取り組み事例集．Available at：http://www.mext.go.jp/a_menu/shotou/seitoshidou/1353423.htm　Accessed May 2, 2016

29）埼玉県教育委員会：いじめ防止のための取組実践事例．Available at：https://www.pref.saitama.lg.jp/f2209/documents/jissennjirei_koutougakkou.pdf Accessed May 2, 2016

30）文部科学省：現行学習指導要領・生きる力　一部改正学習指導要領等（平成27年3月）．Available at：http://www.mext.go.jp/a_menu/shotou/new-cs/youryou/1356248.htm　Accessed May 2, 2016.

31）東京都教育委員会：平成28年度教育庁主要施策．Available at：http://www.kyoiku.metro.tokyo.jp/press/2016/pr160428a.html　Accessed May 2, 2016

32）財団法人　日本学校保健会：学校保健と養護教諭．学校保健の課題とその対応－養護教諭の職務等に関する調査結果から－，1-9，公益財団法人日本学校保健会，東京，2012

33）World Health organization：The Ottawa Charter for Health Promotion. Available at：http://www.who.int/healthpromotion/conferences/previous/ottawa/en/ Accessed May 2, 2016

34）ローレンス W. グリーン，マーシャル W. クロイター：ヘルスプロモーションの現

在と計画作りの枠組み. （神馬征峰, 岩永俊博, 松野朝之ほか訳）. ヘルスプロモーション PRECEDE-PROCEED モデルによる活動の展開, 1-46, 医学書院, 東京, 1997

35）ローレンス W. グリーン, マーシャル W. クロイター：企画のフレームワーク. （神馬征峰訳）. 実践　ヘルスプロモーション PRECEDE-PROCEED モデルによる企画と評価, 1-29, 医学書院, 東京, 2005

36）日本ヘルスプロモーション学会：ヘルスプロモーションとは. Available at：http://plaza.umin.ac.jp/~jshp-gakkai/jshp.html　Accessed May 2, 2016

37）野口京子：健康教育の手順. （日本健康心理学会編）. 健康教育概論, 77-89, 実務教育出版, 東京, 2003

38）公益財団法人健康・体力づくり事業財団：健康日本21. Available at：http://www.kenkounippon21.gr.jp　Accessed May 2, 2016

39）中村千穂子, 川原瑞代, 串間敦郎ほか：地域における高齢者の転倒予防をめざす健康づくりプログラムの評価(3)―フォーカス・グループ・インタビューの分析から得た自主活動への移行との関連―. 宮崎県立看護大学研究紀要 6：69-79, 2006

40）柴田亜樹, 松葉真, 石原領子ほか：京都府W町における高齢者の食への取り組みのための地域診断結果―プリシード・プロシードモデルを活用して―. 日本家政学会誌58：357-362, 2007

41）文部科学省：生涯にわたる心身の健康の保持増進のための今後の健康に関する教育及びスポーツの振興の在り方について（保健体育審議会　答申）. Available at：http://www.mext.go.jp/b_menu/shingi/old_chukyo/old_hoken_index/toushin/1314691.htm　Accessed May 2, 2016

42）World Health organization：Health-Promoting Schools. Available at：http://www.who.int/school_youth_health/media/en/92.pdf　Accessed May 2, 2016

43）岡田加奈子：学校と保護者が協働した子どもたちの食育へのアプローチ, ヘルスプロモーションの視点から. 家庭フォーラム20：20-27, 2009

44）千葉大学教育学部ヘルス・プロモーティング・スクール・プロジェクト：平成20-25年度　ヘルス・プロモーティング・スクール（健康的な学校づくり）プロジェクト報告書. 7-275, 千葉大学教育学部養護教育講座, 千葉, 2014

45）中山直子：コミュニティ・スクールとヘルスプロモーション　八王子市立南大沢中学校での活動を元に. 多摩ニュータウン研究16：100-105, 2014

46）Child Health Promotion Research Centre：An empirical trial to reduce cyber-bullying in adolescents. Available at：https://www.ecu.edu.au/schools/

medical-and-health-sciences/research-activity/school-based-projects/
child-health-promotion-research-centre/child-health-promotion-research-centre/
projects/an-empirical-trial-to-reduce-cyber-bullying-in-adolescents. Accessed May 2,
2016

47）Donna Cross：Using the Health Promoting Schools Model to Reduce Harm
from School Bullying. 学校保健研究54：288-293，2012

48）川畑徹朗：文部科学省科学研究費補助金報告書「ヘルスプロモーティングスクー
ルの枠組みに基づいたいじめ防止プログラムの開発」（代表：川畑徹朗，課題番
号：25560350）

49）藤永芳純：高校生－その生活と意義．（尾田幸雄監）.「心の教育」実践大系第4
巻　高校生の心の教育，19-34，日本図書センター，東京，1999

50）文部科学省：高等学校学習指導要領解説特別活動編．Available at：http://www.
mext.go.jp/a_menu/shotou/new-cs/youryou/1282000.htm　Accessed May 2, 2016

51）相川充：ソーシャルスキル教育とは何か．（小林正幸，相川充編　國分康孝監）．
ソーシャルスキル教育で子どもが変わる　小学校　楽しく身につく学級生活の基
礎・基本，11-30，図書文化社，東京，1999

52）渡辺弥生：思いやりの心を育てるには．VLF による思いやり育成プログラム，
9-60，図書文化社，東京，2001

53）渡辺弥生：社会的スキルおよび共感性を育む体験的道徳教育プログラム－VLF
（Voices of Love and Freedom）プログラムの活用－．法政大学文学部紀要50：87-
104，2004

54）安藤美華代：中学生における問題行動を予防するための心理教育的プログラム．
中学生における問題行動の要因と心理教育的介入，217-311，風間書房，東京，
2007

55）高橋浩之，中村正和，木下朋子ほか：自己管理スキル尺度の開発と信頼性・妥当
性の検討．日本公衆衛生雑誌47：907-914，2000

56）高橋浩之，竹鼻ゆかり，佐見由紀子：年齢段階による自己管理スキルの差に関す
る検討．日本健康教育学会誌12：80-87，2004

57）高橋浩之，佐久間浩美，竹鼻ゆかり：大学生の性行動と自己管理スキル，社会的
スキル及びセルフエスティームとの関連．学校保健研究54：144-151，2012

58）佐久間浩美，高橋浩之，山口知子：認知的スキルを育成する性教育指導法の実践
と評価－性教育における自己管理スキルの活用－．学校保健研究48：508-520，
2007

20

59) 佐久間浩美，高橋浩之，竹鼻ゆかりほか：高校生のストレス反応と自己管理スキルとの関連に関する検討．学校保健研究51：193-201，2009

60) 佐久間浩美，高橋浩之，竹鼻ゆかりほか：認知的スキルを育成する高等学校保健学習「精神の健康」の実践と評価．学校保健研究54：307-315，2012

61) 鎌田尚子：学校と健康教育．（日本健康教育士養成機構編）．新しい健康教育　理論と事例から学ぶ健康増進への道，184-189，保健同人社，東京，2011

62) 川口孝泰：研究の種類と研究計画．看護研究ガイドマップ，17-49，医学書院，東京，2002

第Ⅰ章　高校生のいじめ役割行動といじめに関わる心理社会的要因との検討

1．はじめに

　国立教育政策研究所で，2004年から2006年にかけて中学生の「仲間はずれ，無視，陰口」のいじめの経験率を半年ごとに計6回調査[1]した．その結果，毎回の調査で3割から4割の被害者が出ているが，その調査ごとに被害者が入れ替わり，実際には3年間の間に全体の8割の生徒が巻き込まれている結果が示された．また，加害経験については，小学校4年生から中学校3年生までの間，経験が全くないものは1割ほどしかいない[1]結果も示された．そのため典型的な加害者，被害者は存在せず，どの生徒も深刻ないじめ被害者，加害者になり得ると考えられている．また，森田らは，いじめは被害者，加害者だけではなく周囲にいる加担者，傍観者，仲裁者，相談者などの第三者がいる集団的現象であり，いじめに加担しない傍観者が多く存在するほど，いじめを許容する学級風土が作られ，いじめが深刻化する[2]ことを示唆している．

　一方，朝倉[3,4]は，いじめは固定した役割ではなく一人の生徒が複数の役割を取り得ると考え，いじめを役割行動として捉えている．そしていじめ役割行動と心理的要因の攻撃性，共感性との関連を検討した結果，攻撃性は，加害者役割行動，傍観者役割行動，注意・仲裁者役割行動と正の関連を持ち，共感性は，注意・仲裁者役割行動と正の関連，加害者役割行動，傍観者役割行動と負の関連を持つ結果を示した．これらより，いじめは状況によって変化する役割行動であり，いじめの役割行動といじめに関わる心理社会的要因には関連がある可能性が示された[4]．そのため，高等学校のいじめにおいて

も，高校生のいじめ役割行動は，どのような心理社会的要因に作用されるのかを明らかにすることは重要である．それは，ヘルスプロモーションに基づくいじめ防止教育の実践において，いじめに関わる要因を明らかにすることで，計画を立案する際に活用するプリシード・プロシードモデルの「診断」部分がより明確になるからである．

　そこで，本章では，高校生のいじめ役割行動を，いじめ場面における直接の当事者である「いじめ加害者役割行動」，「いじめ被害者役割行動」の2つといじめ場面に遭遇した時の調査[5]で，対応する行動として多く取られている「いじめ傍観者役割行動」，「いじめ相談者役割行動」，「いじめ仲裁者役割行動」の3つを選び，合計5つの役割行動とした．そして，これら5つのいじめ役割行動といじめに関わる心理社会的要因との関連を検討した．いじめに関わる心理社会的要因については，前章で述べた今までに行われてきたいじめに関わる要因探索研究[4, 6-10]で，多く取り上げられている心理的要因のいじめを容認する態度[6]，攻撃性[4]，共感性[4, 7]，ストレス反応[8]，いじめを止める自己効力感[9]を採用した．さらに社会的要因として，ソーシャル・サポート[10]を加えた．また，今までの研究で，自己管理スキルと精神の健康度に関連がみられ[11]，高校生のストレス反応の低減に効果があること[12]から，いじめ行動の背景にストレスがあるとすれば，スキルの豊富さがいじめ行動にも影響を与えている可能性があると考え，本研究では自己管理スキルを調査内容に加えた．

2．方法

1）調査の対象と方法

　調査の対象は，都市部の高校1校に在籍する15歳から17歳までの754名（男子382名，女子372名）であった．調査対象者のうち欠損値のない595名（男子300名，295名），全体の78.9％を分析の対象とした．調査は自記式質問紙調査を用いて無記名で行い，2013年3月から4月にかけて実施した．倫理的配

慮として，教職員や調査協力者には，調査の目的を文書で説明し，同意を得た．また，生徒には調査に協力するかしないかは自由であると説明し，調査票には回答拒否を意思表示できる欄を設けた．記入後は調査票を封筒に入れて密封し，秘密の保持に留意した．

２）調査内容

(1)　いじめ役割行動

　いじめの種類については，国立教育政策研究所[13]で分類されているいじめのタイプを参考に，本研究では，いじめのなかでも一番行われている「悪口やからかいなど嫌なことをいう」（言葉のいじめ），次いで「遊ぶふりをして，たたく，蹴る」（身体的いじめ），次いで「仲間外れ，無視する」（精神的いじめ）の３種類のいじめを取り上げた．それぞれについて加害者経験，傍観者経験，被害者経験，仲裁者経験，相談者経験の５領域で計15項目を設定し，対象者に過去１年間の経験を「全くない（１点）」，「１年間に１，２回（２点）」，「月に２，３回（３点）」，「１週間に１回以上（４点）」の４段階で尋ねた．それぞれの役割行動ごとの合計得点を算出し，合計得点が高いほど，該当するいじめ役割行動を多く行っているとみなした．なお，本研究では，いじめ加担者は，いじめ加害者に含むものとした．

(2)　いじめに関わる心理社会的要因

①　いじめ容認態度

　本研究では，いじめを容認する集団規範の要素となる個人レベルの態度について，いじめ容認態度尺度[6]を用いて把握した．「いじめがあっても，たいしたことではない（順項目）」「いじめられている子をかばってあげたい（逆項目）」など18項目であり，「そう思わない（１点）」から「そう思う（４点）」までの４段階で評価する．合計得点が高いほど，いじめを容認する態度であることを意味する．いじめ容認態度尺度の信頼性・妥当性は，神藤

ら[6]）によって確認されている.

② **攻撃性**

攻撃性の指標は，怒り喚起・持続尺度[14]の下位尺度である怒り喚起尺度を用いた.「ささいなことにも，かっとしやすい方だ」など6項目であり，「全く当てはまらない（1点)」から，「よく当てはまる（5点)」まで5段階で評価する. 合計得点が高いほど，怒り易く攻撃的であることを意味する. 怒り喚起・持続尺度の信頼性・妥当性は，渡辺，小玉ら[14]によって確認されている.

③ **共感性**

共感性の指標は，多次元共感性尺度[15]の下位尺度である他者指向的反応尺度を用いた.「まわりに困っている人がいると，その人の問題が早く解決するといいなぁと思う」など5項目であり，「全く当てはまらない（1点)」から「よく当てはまる（5点)」まで5段階で評価する. 合計得点が高いほど，共感性が高いことを意味する. 多次元共感性尺度の信頼性・妥当性は，鈴木，木野ら[15]によって確認されている.

④ **自己管理スキル**

自己管理スキルの指標は，自己管理スキル尺度[16]を用いた.「何かをしようとするときには，十分に情報を収集する（順項目)」「失敗した場合，どこが悪かったかを反省しない（逆項目)」など10項目であり，「当てはまらない（1点)」から「当てはまる（4点)」まで4段階で評価する. 合計得点が高いほど，スキルが豊富なことを意味する. 自己管理スキル尺度の信頼性・妥当性は，高橋[16]によって確認されている.

⑤ **ストレス反応**

ストレス反応の指標は，ストレス反応測定尺度[17]を用いた.「悲しい」「さみしい気持ちだ」「頭痛がする」「体がだるい」など20項目であり，「当てはまらない（0点)」から「当てはまる（3点)」まで4段階で評価する. 合計得点が高いほど，ストレスを高く表出することを意味する. ストレス反応

測定尺度の信頼性・妥当性は，三浦ら[17]によって確認されている．

⑥　いじめを止める自己効力感

　自己効力感[18]とは，自分にはこのような行動ができるという考えである．そこで，本研究では，いじめを止める自己効力感を測定するために，「親しい友人が，ある人に対して悪口やからかいなど嫌なことを言っている時に『やめなよ』ということができると思いますか？」(言葉のいじめ)，「親しい友人が，ある人に対して遊ぶふりをしてたたいたり，けったりしている時に『やめなよ』ということができると思いますか？」(身体的いじめ)，「親しい友人が，ある人に対して仲間外れにしたり，無視している時に『やめなよ』ということができると思いますか？」(精神的ないじめ) の3項目を設定した．回答選択肢は「全くできないと思う (1点)」から「上手くできると思う (5点)」まで5段階評価である．合計得点が高いほど，いじめを止める自己効力感が高いとみなす．

⑦　ソーシャル・サポート

　ソーシャル・サポートの指標は，久田・千田・箕口が作成した学生用ソーシャル・サポート尺度[19]を基に「あなたに元気がないと，すぐに気づいてはげましてくれる」などについて，友だち，先生，家族の3項目を設定した．「当てはまらない (1点)」から「当てはまる (4点)」まで4段階で評価する．合計得点が高いほど，ソーシャル・サポートが豊富だとみなす．

(3)　属性

　属性は，性別，年齢であり，性別はダミー変数に変換した．

3）分析方法

　いじめ役割行動，いじめを止める自己効力感とソーシャル・サポートは，本研究のために開発し，尺度化したものである．それらを分析に用いる際には，確認的因子分析を行って構成概念の妥当性を検討した．下位尺度も含め

尺度化されている項目で，尺度の対象者が本研究の対象である高校生と異なる場合（いじめ容認態度，攻撃性，共感性）は，確認的因子分析を用いて本対象者に適用できるのか検討し，同様である場合（自己管理スキル，ストレス反応）は，そのまま分析に用いた．

　まず，「いじめ役割行動」は，言葉のいじめ，身体的いじめ，精神的いじめの3種類において加害者経験など5つの体験からなる計15項目を，5つの役割行動ごとに尺度化するために作成した．すなわち，それぞれの経験を役割行動の指標とみなし，それぞれ1因子を構成するよう工夫した．しかし，先行研究によると5つの役割行動は必ずしも独立ではないため[3, 20, 21]，5因子相関モデルによるいじめ役割行動の構成概念モデルを構成しAmosを用いて確認的因子分析を行い，モデルとデータの適合度を検証した．また，α信頼性係数により各尺度の信頼性を検討した．

　同様に，本研究では「いじめを止める自己効力感」と「ソーシャル・サポート」を，それぞれ1元的尺度になるように作成した．確認的因子分析で1因子構造モデルの適合度を検証し，α信頼性係数を用いて信頼性を検討した．

　既存の尺度の下位尺度を用いた「攻撃性」「共感性」は尺度開発の対象者が大学生であり，「いじめ容認態度」は対象者が中学生であり，高校生で構成されている本研究の対象者とは異なっていた．そこで，それぞれの文献で明らかにされた因子構造が本対象者にも当てはまるのか検討するために，公表された因子構造を用いて確認的因子分析により適合度を検証し，α信頼性係数を用いて信頼性を検討した．ちなみに，「自己管理スキル」，「ストレス反応」は，高校生を対象に尺度化されていたので，そのまま分析に用いた．

　データとモデルの適合度を評価する指標として，CFI，NFI，RMSEAを用いた[22]．CFI，NFIは，値が0から1.00の範囲をとり1.00に近いほどモデルがデータに適合していることを示している．RMSEAは，値が0.05以下の場合はモデルの当てはまりがとても良いと判断され，0.05から0.08以下の範囲はあてはまりが十分，0.08から0.10未満はグレーゾーンと判断されている．

これらの基準に照らして各測定モデルの構成概念の妥当性を検討した．なお，χ^2値もデータとモデルの適合度を判断する指標として用いられるが，標本サイズが大きくなると，ほとんどモデルは棄却されるため，本研究では，CFI，NFI，RMSEA をモデルの適合度指数とした．

いじめ役割行動といじめに関わる心理社会的要因との関係性を検討するために，いじめ役割行動を目的変数，いじめに関わる心理社会的要因と性別，年齢を説明変数として一般化線型モデル（generalized linear model）を用いて分析を行い，非標準化回帰係数と標準誤差の推定値を得た．モデルの有意性はオムニバス検定で行った．最小二乗法を用いる重回帰分析で算出される決定係数は，推定方法の違いにより一般化線型モデルでは算出できない．また，疑似決定係数も SPSS では出力されない．したがって，代用として一般化線型モデルにより推定された予測値と実際の観測値の相関係数を示した．統計解析には SPSS for Windows Ver. 22.0，Amos Ver. 16.0を用いた．

3．結果

1）いじめ役割行動といじめに関わる心理社会的要因を測定する項目の検討

⑴　いじめ役割行動

いじめの役割行動について，5 領域の構成概念からなるモデルの適合性を検証するため確認的因子分析を行った．いじめ加害者役割行動，いじめ傍観者役割行動，いじめ被害者役割行動，いじめ仲裁者役割行動，いじめ相談者役割行動の 5 領域について，それぞれの因子負荷量は，すべて有意であった．また，因子間相関は r＝0.62〜0.88と中等度の相関を示しており，先行研究の指摘と一致していた[3, 20, 21]．モデルの適合度は CFI＝0.91，NFI＝0.90，RMSEA＝0.094であり，α信頼性係数は0.58〜0.65であった．RMSEA はグレーゾーンであるが，CFI，NFI は良好であり，それぞれの役割行動のα信頼性係数が0.58以上とやや低いが解釈可能であるため分析に用いた（表Ⅰ-1）．

表Ⅰ-1　いじめ役割行動に対する確認的因子分析の結果

いじめ役割行動	項目	因子負荷量（標準化解）[a]	信頼性係数	適合度尺度
いじめ加害者役割行動	A1 悪口やからかいなど，嫌なことを言った	0.47	α係数 =0.58	
	A2 遊ぶふりをして，たたいたり，けった	0.59		
	A3 仲間外れに，したり，無視した	0.58[1]		
いじめ傍観者役割行動	B1 悪口やからかいなど，嫌なことを言っているのを黙って見ていた	0.54	α係数 =0.64	
	B2 遊ぶふりをして，たたいたり，けったりしているのを黙って見ていた	0.72		
	B3 仲間外れにしたり，無視しているのを黙って見ていた	0.59[1]		
いじめ被害者役割行動	C1 悪口やからかいなど，嫌なことを言われた	0.55	α係数 =0.61	CFI=0.91 NFI=0.90 RMSEA =0.094
	C2 遊ぶふりをして，たたかれたり，けられた	0.66		
	C3 仲間外れにされたり，無視された	0.56[1]		
いじめ仲裁者役割行動	D1 悪口やからかいなど，嫌なことを言っているのを注意した	0.55	α係数 =0.63	
	D2 遊ぶふりをして，たたいたり，けったりしているのを注意した	0.74		
	D3 仲間外れにしたり，無視しているのを注意した	0.64[1]		
いじめ相談者役割行動	E1 悪口やからかいなど，嫌なことを言われている人の相談にのった	0.51	α係数 =0.65	
	E2 遊ぶふりをして，たたかれたり，けられている人の相談にのった	0.82		
	E3 仲間外れにされたり，無視されている人の相談にのった	0.61[1]		

因子間相関[2]	傍観者	被害者	仲裁者	相談者
加害者	0.82	0.88	0.85	0.66
傍観者		0.82	0.74	0.62
被害者			0.79	0.64
仲裁者				0.81

[a] A1とA2，A1とB1，A1とC1，A2とB2，A2とC2，A3とB3，A3とC3，B1とC1，B2とC2，B3とC3，C1とD1，D1とE1，D2とE2，D3とE3の間に誤差相関を設定した．
相関係数は，0.11，0.47，0.51，0.47，0.62，0.56，0.33，0.34，0.48，0.32，0.16，0.28，0.31，0.47であった．
[1] モデルを識別するために，1.0に固定した．
[2] 表中に示した相関係数（因子間相関と誤差相関）は，すべて0.1％水準で有意である．

(2)　いじめに関わる心理社会的要因

　いじめ容認態度について，中学生を対象に検討された構成概念モデルが，高校生にも適用可能であるのかを検討するため，確認的因子分析をした．因子負荷量は，すべて有意であったが，Ｃ１，Ｄ１の因子負荷量は，0.35を下回っていた．これらの項目の因子負荷量の値は低いが，いじめを容認する態度の特性を示しており，以後の分析にも用いた．因子間相関では，すべてに有意な関連がみられた（r＝0.13～0.78），モデルの適合度は，CFI＝0.93，NFI＝0.89，RMSEA＝0.046であり，α信頼性係数は，0.79であるため，高校生にも適応可能な尺度であるとみなし，分析に用いた（表Ⅰ-2）.

表Ⅰ-2　いじめ容認態度尺度の確認的因子分析の結果

因子	項目	因子負荷量（標準化解）	適合度尺度
いじめ軽視	Ａ１　いじめがあっても，たいしたことではない	0.65	
	Ａ２　いじめは，少しぐらいはあった方がよい	0.67	
	Ａ３　いじめは，必ずしも，悪いものではない	0.55	
	Ａ４　いじめっ子の言い分も尊重するべきだ	0.38[1]	
誤差相関	e2-e3	0.29	
	e3-e4	0.22	
いじめ撲滅行動	Ｂ１　いじめられている子をかばってあげたい（R）	0.56	
	Ｂ２　クラスでいじめが起こったら，クラス全員に責任がある（R）	0.61	CFI＝0.93 NFI＝0.89 RMSEA＝0.046 α係数＝0.79
	Ｂ３　いじめられている子をみたら，助けるべきだ（R）	0.76	
	Ｂ４　いじめ問題を学級で話し合うべきだ（R）	0.65[1]	
誤差相関	e1-e3	0.28	
	e2-e4	0.17	
いじめ必要論	Ｃ１　後輩をしごくことも時には必要だ	0.31	
	Ｃ２　けんかぐらいできなくては一人前ではない	0.48	
	Ｃ３　冗談として，人をからかうくらいは許されるべきだ	0.56	
	Ｃ４　いけないことをされたら，少しぐらいは仕返ししてもよい	0.68[1]	
誤差相関	e1-e2	0.18	

いじめ 不可避	D1 クラスで起こったけんかやいじめを先生に言うと，仕返しされるので，言いたくない	0.16
	D2 嫌いな子を無視してしまうのは，仕方がない	0.59
	D3 いじめはなくならないだろう	0.40
	D4 かげでだったら，少しぐらい人の悪口を言ってもよい	0.55[1]
いじめ 絶対悪	E1 どんなにわがままな子がいても，集団で責めてはいけない（R）	0.49
	E2 いじめは，絶対にしてはいけない（R）	0.90[1]

		撲滅行動	必要論	不可避	絶対悪
因子間相関[2]	軽視	0.74	0.4	0.68	0.59
	撲滅行動		0.32	0.55	0.56
	必要論			0.78	0.13
	不可避				0.25

（R）は逆転項目
[1] モデルを識別するために，1.0に固定した．
[2] 表中に示した相関係数（因子間相関と誤差相関）は，すべて5％水準で有意である．

　また，いじめの心理社会的要因である「攻撃性」「共感性」「いじめを止める自己効力感」「ソーシャル・サポート」を測定する尺度の，構成概念の妥当性と信頼性を検討するため，確認的因子分析と α 信頼性係数を算出した（表 I -3）．その結果，攻撃性の適合度は CFI＝0.98，NFI＝0.97，RMSEA ＝0.072，α 信頼性係数は0.78であった．共感性の適合度は CFI＝1.00，NFI＝1.00，RMSEA＝0.039，α 信頼性係数は0.79であった．いじめを止める自己効力感は，3項目，α 信頼性係数は0.90であった．ソーシャル・サポートは，3項目，α 信頼性係数は0.62であった．いじめを止める自己効力感，ソーシャル・サポートなど3項目で構成された just identified model 以外は，適合度の判断基準である CFI，NFI が0.90以上であり RMSEA は 0.08未満であるため，ほぼ良好な適合度とみなせた．なお，ソーシャル・サポートの α 信頼性係数は0.62とやや低いが，解釈可能な因子であり，先行研究でも用いられている重要な因子であるため，以後の分析に用いた．

表Ⅰ-3　いじめに関わる心理社会的要因を測定する項目に対する確認的因子分析の結果

要因	尺度	項目	因子負荷量（標準化解）	適合度尺度
心理的要因				
攻撃性	怒り喚起尺度[2]　渡辺，小玉	A1　ささいなことにも，かっとしやすい方だ	0.88	
		A2　私を怒らせるのは簡単だと思う	0.76	
		A3　毎日の生活の中で怒りを感じることはめったにない（R）	0.49	CFI＝0.98　NFI＝0.97
		A4　遠まわしにでも他人から非難がましいことを言われると頭にくる	0.50	RMSEA＝0.072
		A5　人から何かいやみを言われても，あまりむっとしたりはしない（R）	0.35	α係数＝0.78
		A6　なんとなくいらいらしていることが多い	0.63[1]	
	誤差相関	e3-e5	0.21	
共感性	他者指向的反応尺度[2]　鈴木，木野	B1　悲しんでいるひとをみると，なぐさめてあげたくなる	0.67	
		B2　悩んでいる友達がいても，その悩みを分かち合うことができない（R）	0.61	
		B3　他人が失敗しても同情することはない（R）	0.50	CFI＝1.00　NFI＝1.00
		B4　人が頑張っているのを見たり聞いたりすると，自分には関係なくても応援したくなる	0.68	RMSEA＝0.039
		B5　まわりに困っている人がいると，その人の問題が早く解決するといいなぁと思う	0.60[1]	α係数＝0.79
	誤差相関	e2-e3	0.20	
		e1-e5	0.22	
		e4-e5	0.40	
いじめを止める自己効力感	いじめを止める自己効力感	D1　親しい友人が，ある人に対して悪口やからかいなど，嫌なことを言っている時に「やめなよ」ということができると思いますか？	0.86[1]	
		D2　親しい友人が，ある人に対して遊ぶふりをして，たたいたり，けったりしている時に「やめなよ」ということができると思いますか？	0.89	Just identified model　α係数＝0.90
		D3　親しい友人が，ある人に対して仲間はずれにしたり，無視している時に「やめなよ」ということができると思いますか？	0.86	
社会的要因				
ソーシャル・サポート	ソーシャル・サポート	E1　あなたの友だちは，あなたに元気がないと，すぐに気づいてはげましてくれる	0.63[1]	
		E2　あなたの先生は，あなたに元気がないと，すぐに気づいてはげましてくれる	0.56	Just identified model　α係数＝0.62
		E3　あなたの家族は，あなたに元気がないと，すぐに気づいてはげましてくれる	0.61	

（R）は逆転項目
[1] モデルを識別するために，1.0に固定した.
[2] 尺度ごとに確認的因子分析を行っている.
[3] 表中に示した相関係数（因子間相関と誤差相関）は，すべて0.1％水準で有意である.

2） 一般化線型モデルによる検討

⑴ 分析に用いた対象者の基本的統計

　分析対象者は，調査項目に欠損値のない595名で，男女は半々である．年齢は，15歳から17歳までで，15歳，16歳が多く17歳が少なかった．いじめ役割行動については，いじめ加害者役割行動得点（4.83±1.95）が最も高く，その次に，いじめ被害者役割行動得点（4.83±1.95），いじめ傍観者役割行動得点（4.75±2.09），そして，いじめ相談者役割行動得点（4.13±1.69），最も低いものがいじめ仲裁者役割行動得点（4.03±1.61）であった．対象者の基本的特性及びいじめに関わる心理的社会的要因の項目得点は，表Ⅰ-4に示すとおりであった．いじめ役割行動は，いじめ相談者役割を除いたすべての役割において，女子より男子の方が得点は高かった．

⑵ いじめ役割行動といじめに関わる心理社会的要因との関連

　いじめ役割行動といじめに関わる心理社会的要因の関連性の強さを知るため，性別と年を説明変数に投入しこの2つの影響をコントロールした上で，いじめに関わる心理社会的要因の一つを説明変数，いじめ役割行動を目的変数とした一般化線型モデルを用いた個別の重回帰分析を行った（表Ⅰ-5）．すべての心理社会的要因において有意な関連性が認められた役割行動は，いじめ加害者役割行動，いじめ傍観者役割行動であり，いじめ加害者役割行動と有意な正の関連が認められたのは，いじめ容認態度（b=0.07, $p<0.001$），攻撃性（b=0.10, $p<0.001$），ストレス反応（b=0.04, $p<0.001$）と有意な正の関連が認められ，共感性（b=−0.07, $p<0.01$），自己管理スキル（b=−0.06, $p<0.01$），いじめを止める自己効力感（b=−0.08, $p<0.01$），ソーシャル・サポート（b=−0.10, $p<0.05$）と有意な負の関連が認められた．いじめ傍観者役割行動と有意な正の関連が認められたのは，いじめ容認態度（b=0.05, $p<0.001$），攻撃性（b=0.07, $p<0.001$），ストレス反応（b=0.04, $p<0.001$）と有意な正の関連が認められ，共感性（b=−0.08, $p<0.01$），自己管理スキ

表Ⅰ-4　重回帰分析に用いた対象者の基本的特性

（$n = 595$）

	平均（標準偏差）または%	得点のレンジ	／ダミー・コード
性別			
男子	50.4%	男子 = 0	女子 = 1
女子	49.6%		
年			
15歳	37.3%		
16歳	37.0%		
17歳	25.7%		
心理的要因			
いじめ容認態度	37.6　(7.6)	18—72	
攻撃性	18.1　(4.6)	6—30	
共感性	18.5　(3.5)	5—25	
自己管理スキル	25.0　(4.2)	10—40	
ストレス反応	23.6 (13.1)	0—60	
いじめを止める自己効力感	11.0　(2.9)	3—15	
社会的要因			
ソーシャル・サポート	8.5　(2.0)	3—12	
いじめ役割			
加害者役割	4.8　(2.0)	3—12	
傍観者役割	4.8　(2.1)	3—12	
被害者役割	4.8　(2.0)	3—12	
仲裁者役割	4.0　(1.6)	3—12	
相談者役割	4.1　(1.7)	3—12	

ル（b = -0.06，$p < 0.001$），いじめを止める自己効力感（b = -0.11，$p < 0.001$），ソーシャル・サポート（b = -0.15，$p < 0.001$）と有意な負の関連が認められた．いくつかの心理社会的要因と関連が見られたのは，いじめ被害者役割行動，いじめ仲裁者役割行動，いじめ相談者役割行動であった．いじめ被害者役割行動は，いじめ容認態度（b = 0.03，$p < 0.01$），攻撃性（b = 0.09，$p < 0.001$）ストレス反応（b = 0.05，$p < 0.001$）と有意な正の関連が認められ，ソーシャル・サポート（b = -0.12，$p < 0.01$）と有意な負の関連が認められてい

34

表Ⅰ-5　一般化線型モデル重回帰分析による高校生の

説明変数	加害者役割行動		傍観者役割行動	
	個別	一括	個別	一括
	非標準化回帰係数（標準誤差）	非標準化回帰係数（標準誤差）	非標準化回帰係数（標準誤差）	非標準化回帰係数（標準誤差）
心理的要因				
いじめ容認態度	0.07(0.01)***	0.05 (0.01)***	0.05(0.01)***	0.03 (0.01)*
攻撃性	0.10(0.02)***	0.05 (0.02)**	0.07(0.02)***	0.02 (0.02)
共感性	−0.07(0.02)**	0.004(0.03)	−0.08(0.03)**	−0.002(0.03)
自己管理スキル	−0.06(0.02)**	0.001(0.02)	−0.06(0.02)***	−0.01 (0.02)
ストレス反応	0.04(0.01)***	0.02 (0.01)**	0.04(0.01)***	0.03 (0.01)***
いじめを止める自己効力感	−0.08(0.03)**	−0.03 (0.03)	−0.11(0.03)***	−0.07 (0.03)*
社会的要因				
ソーシャル・サポート	−0.10(0.04)*	0.03 (0.04)	−0.15(0.04)***	−0.03 (0.05)
性別（男子＝0，女子＝1）		0.84 (0.16)***		0.82 (0.18)***
年齢		−0.12 (0.10)		−0.17 (0.11)
切片		2.90 (1.80)		6.27 (2.00)***
オムニバス検定		$\chi^2 = 102.76$		$\chi^2 = 76.04$
		df=9		df=9
		$p < 0.000$		$p < 0.000$
モデルの予測値と観測値との相関係数		0.40**		0.35**

*** : $p < 0.001$, ** : $p < 0.01$, * : $p < 0.05$

た．いじめ仲裁者役割行動は，攻撃性（b＝0.04，$p < 0.01$），共感性（b＝0.04，$p < 0.05$），自己管理スキル，（b＝0.05，$p < 0.001$）ストレス反応（b＝0.01，$p < 0.01$），いじめを止める自己効力感（b＝0.10，$p < 0.001$），ソーシャル・サポート（b＝0.11，$p < 0.01$）に有意な正の関連が求められ．相談者役割行動は，共感性（b＝0.07，$p < 0.001$），自己管理スキル（b＝0.04，$p < 0.05$），ストレス反応（b＝0.01，$p < 0.05$），いじめを止める自己効力感（b＝0.05，$p < 0.05$），ソーシャル・サポート（b＝0.12，$p < 0.001$）に有意な正の関連が認められた．これらのいじめに関わる心理社会的要因は，役割行動と関連を持つ結果が示された（表Ⅰ-5）．

　さらにいじめ役割行動といじめに関わる心理社会的要因との関連を明らか

いじめに関わる心理社会的要因といじめ役割行動との関連

被害者役割行動		仲裁者役割行動		相談者役割行動	
個別	一括	個別	一括	個別	一括
非標準化 回帰係数 (標準誤差)	非標準化 回帰係数 (標準誤差)	非標準化 回帰係数 (標準誤差)	非標準化 回帰係数 (標準誤差)	非標準化 回帰係数 (標準誤差)	非標準化 回帰係数 (標準誤差)
$0.03(0.01)^{**}$	$0.01\ (0.01)$	$-0.004(0.01)$	$0.01\ (0.01)$	$0.001(0.01)$	$0.02(0.01)$
$0.09(0.02)^{***}$	$0.02\ (0.02)$	$0.04\ (0.01)^{**}$	$0.03\ (0.02)^{*}$	$0.02\ (0.01)$	$0.01(0.02)$
$-0.03(0.03)$	$0.01\ (0.03)$	$0.04\ (0.02)^{*}$	$0.01\ (0.02)$	$0.07\ (0.02)^{***}$	$0.05(0.02)^{*}$
$-0.04(0.02)$	$0.02\ (0.02)$	$0.05\ (0.02)^{***}$	$0.06\ (0.02)^{***}$	$0.04\ (0.02)^{*}$	$0.04(0.02)^{*}$
$0.05(0.01)^{***}$	$0.05\ (0.01)^{***}$	$0.01\ (0.01)^{**}$	$0.02\ (0.01)^{***}$	$0.01\ (0.01)^{*}$	$0.02(0.01)^{**}$
$-0.03(0.03)$	$-0.002(0.03)$	$0.10\ (0.02)^{***}$	$0.08\ (0.02)^{***}$	$0.05\ (0.02)^{*}$	$0.03(0.02)$
$-0.12(0.04)^{**}$	$-0.02\ (0.05)$	$0.11\ (0.03)^{**}$	$0.11\ (0.04)^{**}$	$0.12\ (0.03)^{***}$	$0.12(0.04)^{**}$
	$0.94\ (0.17)^{***}$		$0.58\ (0.14)^{***}$		$-0.16(0.15)$
	$-0.05\ (0.10)$		$-0.12\ (0.08)$		$-0.26(0.09)^{**}$
	$2.80\ (1.94)$		$0.91\ (1.53)$		$3.71(1.62)^{*}$
	$\chi^2=82.28$		$\chi^2=72.28$		$\chi^2=55.63$
	$df=9$		$df=9$		$df=9$
	$p<0.000$		$p<0.000$		$p<0.000$
	0.36^{**}		0.34^{**}		0.30^{**}

にするために，いじめ加害者役割行動，いじめ傍観者役割行動，いじめ被害者役割行動，いじめ仲裁者役割行動，いじめ相談者役割行動の各得点を目的変数に，いじめ容認態度，攻撃性，共感性，自己管理スキル，ストレス反応，いじめを止める自己効力感，ソーシャル・サポートの各項目の得点，年齢，性別（ダミー変数）のすべてを説明変数とし，一般化線型モデルを用いた一括の重回帰分析を行った（表Ⅰ-5）．その結果，すべてのモデルはオムニバス検定で有意であった．いじめ加害者役割行動と有意な正の関連を認めたのは，いじめ容認態度（$b=0.05$, $p<0.001$），攻撃性（$b=0.05$, $p<0.01$），ストレス反応（$b=0.02$, $p<0.01$）であった．いじめ傍観者役割行動と有意な正の関連が認められたのは，いじめ容認態度（$b=0.03$, $p<0.05$）とストレス反応（b

＝0.03，$p<0.001$）であり，有意な負の関連を認めたのは，いじめを止める自己効力感（b＝－0.07，$p<0.05$）であった．いじめ被害者役割行動と有意な正の関連を認めたのは，ストレス反応（b＝0.05，$p<0.001$）であった．いじめ仲裁者役割行動と有意な正の関連が認められたのは，攻撃性（b＝0.03，$p<0.05$），自己管理スキル（b＝0.06，$p<0.001$），ストレス反応（b＝0.02，$p<0.001$），いじめを止める自己効力感（b＝0.08，$p<0.001$），ソーシャル・サポート（b＝0.11，$p<0.01$）であった．いじめ相談者役割と有意な正の関連を認めたのは，共感性（b＝0.05，$p<0.05$），自己管理スキル（b＝0.04，$p<0.05$），ストレス反応（b＝0.02，$p<0.01$），ソーシャル・サポート，（b＝0.12，$p<0.01$），年（b＝－0.26，$p<0.01$）であった．いじめ相談者役割以外は，すべて男子に有意な関連が見られていた．ちなみに予測値と観測値の相関係数は，r＝0.30〜0.40と弱い，あるいは中等度の関連を示していた．

４．考察

１）いじめ役割行動と心理社会的要因との関連性

　現代的ないじめは，いじめ加害者，いじめ被害者などが固定されておらず，一人が複数の役割を担う状況があることや，誰をいじめの標的にするのか分からず誰でもが加害者，被害者になり得る集団的な現象と考えられている．そのため，本章では，ヘルスプロモーションに基づくいじめ防止教育を実践するため，いじめに関わる心理社会的要因が，どのようにいじめ役割行動と関連を持つのかを明らかにした．

　その結果，実際にいじめを行ういじめ加害者役割行動に正の影響を与える要因は，いじめ容認態度，攻撃性，ストレス反応であった．今までにも，いじめ加害者は，自分が行っているいじめ行為を正当化し加害意識が薄いなど，いじめを容認している態度があり[23]，攻撃性が高く，ストレス発散の一つとしていじめを行っている[24]などが指摘されている．そのため，いじめ加害者役割行動が，いじめ容認態度，攻撃性，ストレス反応の高さにより促進

される傾向は，これまでの研究結果を支持したといえる．一方，いじめを受ける，いじめ被害者役割行動に正の影響を与える要因は，ストレス反応であった．いじめ被害者は，周囲から孤立させられ，心や体に深い傷を負い自ら命を絶とうと考えてしまうほど追い詰められる実態や，いじめられた経験に一生苦しめられるなど辛い状態に陥ると考えられている．今までのいじめ被害者の研究では，いじめ被害者は，いじめに遭わないものよりストレス反応が高く，抑うつ状態や身体症状を訴え，成人になった際にも不安障害やPTSDに苦しむ[25, 26]などが指摘されている．これらからも，いじめ被害者役割行動に最も強い正の影響を与えている要因がストレスであるのは当然考えられる．

　次に，生徒は，いじめ場面に遭遇した時，そのまま立ち去る「いじめ傍観者役割」か，その場の仲裁に入る「いじめ仲裁者役割」か，後で相談にのる「いじめ相談者役割」のいずれかの役割行動をとる[5]．その中でもいじめ傍観者役割行動は，いじめが自分に及ばないようにする回避行動であると考えられている[27]．しかし，実際にいじめに加担しなくとも，いじめを見て見ぬふりをする行動で，いじめ許容空間を作るため，いじめ加害行為を促進させる要因である[28]．本研究では，いじめ傍観者役割行動に正の影響を与える要因は，いじめ容認態度とストレス反応であり，負の影響を与える要因は，いじめを止める自己効力感であった．いじめ傍観者役割がいじめを容認する態度と関連をもつ結果については次のように考える．いじめを傍観する多くの者は，友人を助けたいと思っていても，自分には助けられないと見て見ぬふりをして，その場を立ち去ってしまう．しかし，この行動は心に大きな葛藤をもたらし，「いじめを止めたい」と，「いじめに関わりたくない」という矛盾した認知に，認知的不協和[29]が生じ，いじめを止める行動ではなく「いじめられる側にも問題があるからいじめは仕方ない」と認知を変えてしまうことが推測される．これらから，いじめを容認する態度が，いじめ傍観者役割行動を促進させるだけではなく，いじめ傍観者役割行動をとり続ける

ことにより，いじめを容認する態度を更に高める可能性がある．

　さらに，いじめられている者を助ける，いじめ仲裁者役割行動は，高校生にとっていじめの仲裁は自分が次のいじめの対象になるのではないかとの恐れからいじめを止める行動をとるのは難しいと意識されている．本研究では，いじめ仲裁者役割行動に正の影響を与える要因は，攻撃性，自己管理スキル，ストレス反応，いじめを止める自己効力感，ソーシャル・サポートであった．今までの研究では，いじめを仲裁するなどの自己主張をする際には，攻撃性が必要であり[4]，いじめを仲裁するものは困りごとを親に相談する[30]など親へのサポート感が高い結果が示されており，本研究においても同様な結果が得られた．また実際の場面で，いじめを止めるためには，問題を解決する能力が必要であると考えられている[31]．その理由として，一人でいじめを止めようと立ち向かっても，周囲の人に支援を求める働きかけをしなければ，仲裁者自身が新たな標的になってしまい，いじめは止められない．しかし，どうすれば良いのか考え周囲に働きかければ，いじめは収まっていく．本研究で用いている自己管理スキル尺度は，思考や感情，行動をコントロールする認知的スキルを測定しており，問題解決的に取り組むスキルが含まれている．そのため，いじめを止める自己効力感の高さや，自分を支えてくれる仲間がいるなどのサポート感の高さに，問題解決に有益な自己管理スキルの豊富さが加わることで，いじめ仲裁者役割行動がさらに促進されると推察される．

　また，いじめ相談者役割行動については，いじめに遭遇した際，いじめを仲裁できず傍観していても，いじめ被害者と親密な関係にある場合は，いじめの相談にのる支援行動を起こしやすい[27]と指摘されている．本研究では，いじめ相談者役割行動に正の影響を与える要因は，共感性，自己管理スキル，ストレス反応，ソーシャル・サポートであった．共感性は他者の感情の理解を含め，他者の感情を共有するもの[32]であり，いじめ場面などのストレスを感じる状況において，いじめ被害者の気持ちを理解し，自分も同じような

感情を共有できる者ほど，いじめ相談者役割行動は促進されると考えられる．また，いじめの相談に乗るなどの支援行動は，いじめ仲裁者行動と同様に問題解決に役立つ自己管理スキルの豊富さや，自分を支えてくれるなどのソーシャル・サポートの多さも促進される要因であることが示された．

　また，いじめに関わる5つの役割行動すべてにストレス反応と関連を持っていた．これは，いじめの渦中にいるものは，どのような役割を担っていてもストレス反応が高い状態であることを示している．

2）いじめを低減させる要因について

　いじめは流動的な役割行動であるため，いじめを低減させるためには，まず，いじめ加害者役割行動，いじめ傍観者役割行動に最も大きな影響を及ぼす個人のいじめを容認する態度を改めさせ，いじめを容認しない学級及び学校風土の醸成が必要である．また，いじめ場面に遭遇した際に，自分が取れる役割行動を，いじめ傍観者役割行動から，いじめ相談者，仲裁者役割行動へと意識を変えさせるためには，いじめ被害者への共感性を高め，自分なりの支援行動を取れるなどいじめに対する自己効力感を高めることが必要である．また，実際の場面でいじめ仲裁者役割行動，相談者役割行動が取れるためには，問題解決に関するスキルを高め，自分を支えてくれる友だち，親，教師がいるなどのソーシャル・サポート感を高める取り組みも必要である．

　以上より，本章で明らかになった，いじめに関わる心理社会的要因の分析結果を，生徒が主体的に行う「いじめのない学校環境づくり」や，生徒がいじめに対して主体的に考える「いじめ防止授業」の開発に生かし，高等学校における「いじめ防止教育」について検討する必要がある．

注

1）国立教育政策研究所：第1部基調報告．平成24年度教育研究公開シンポジウム「いじめについて，わかっていること，できること」，10-33，悠光堂，東京，2013

2）森田洋司：内からの歯止め，外からの歯止め．いじめとは何か　教室の問題，社会の問題，115-142，中央公論新社，東京，2010

3）朝倉隆司：中学生における対人的な攻撃行動パターンに関する研究―性差と小学校高学年時の遊び方との関連―．学校保健研究42：123-141，2000

4）朝倉隆司：中学生におけるいじめに関わる役割行動と敵意的攻撃性，共感性との関連性．学校保健研究46：67-84，2004

5）児童生徒の問題行動等に関する調査研究協力者会議：児童生徒のいじめ等に関するアンケート調査結果．（文部科学省教育課程課編）．中等教育資料，63-255，ぎょうせい，東京，1996

6）神藤貴昭，齊藤誠一：中学生におけるいじめと学校ストレスの関連．神戸大学教育学会「研究論叢」第8号：23-35，2001

7）本間友巳：中学生におけるいじめの停止に関連する要因といじめ加害者への対応．教育心理学研究51：390-400，2003

8）岡安孝弘，高山巖：中学校におけるいじめ被害者および加害者の心理的ストレス．教育心理学研究48：410-421，2000

9）市井桃子，永浦拡，飯尾有未ほか：いじめ加害行動とストレスおよび同調傾性との関連．発達心理臨床研究18：65-74，2012

10）菱田一哉，川畑徹朗，宋昇勲ほか：いじめの影響とレジリエンシー，ソーシャル・サポート，ライフスキルとの関係―新潟市内の中学校における質問紙調査の結果より―．学校保健研究53：107-126，2011

11）Shimizu T, Takahashi H, Mizoue T et al.：Relationships Among Self-Efficacy, Communication, Self-Management Skills and Mental Health of Employees at a Japanese Workplace. Journal of University of Occupational and Environmental Health 25：261-270, 2003

12）佐久間浩美，高橋浩之，竹鼻ゆかりほか：高校生のストレス反応と自己管理スキルとの関連に関する検討．学校保健研究51：193-201，2009

13）国立教育政策研究所：いじめ追跡調査2010-2012．Available at：https://www.nier.go.jp/shido/centerhp/2507sien/ijime_research-2010-2012.pdf　Accessed May 10, 2015

14）渡辺俊太郎，小玉正博：怒り感情の喚起・持続傾向の測定―新しい怒り尺度の作成と信頼性・妥当性の検討―．健康心理学研究14：32-39，2001

15）鈴木有美，木野和代，出口智子ほか：多次元共感性尺度作成の試み．名古屋大学大学院教育発達科学研究科紀要．心理発達科学47：269-279，2000

16）高橋浩之，中村正和，木下朋子ほか：自己管理スキル尺度の開発と信頼性・妥当性の検討．日本公衆衛生雑誌47：907-914，2000

17）三浦正江：ストレス反応測定尺度の作成．中学生の学校生活における心理的ストレスに関する研究，66-73，風間書房，東京，2002

18）坂野雄二：人間行動とセルフ・エフィカシー．（坂野雄二，前田基成編）．セルフ・エフィカシーの臨床心理学，2-11，北大路書房，京都，2002

19）久田満，千田茂博，箕口雅博：学生用ソーシャル・サポート尺度作成の試み⑴．日本社会心理学会第30回学会発表論文集：143-144，1989

20）本間友巳：いじめ臨床とは―その理解と意義―．（本間友巳編）．いじめ臨床，3-18，ナカニシヤ出版，京都，2008

21）森田洋司：私事化社会と市民性教育．いじめとは何か 教室の問題，社会の問題，143-175，中央公論新社，東京，2010

22）豊田秀樹：分析のよさを評価する．共分散構造分析［疑問編］―構造方程式モデリング―，120-141，朝倉書店，東京，2003

23）竹川郁雄：いじめ加害の実態と問題点．（森田洋司監）．いじめの国際比較研究―日本・イギリス・オランダ・ノルウェーの調査分析，159-173，金子書房，東京，2001

24）滝充：ストレスがもたらす「いじめ」・「不登校」．教育と情報460：12-19，1996

25）藤森和美：いじめとトラウマ・PTSD．こころの科学170，82-86，日本評論社，東京，2013

26）伊東真理：いじめから心身症状を呈した思春期女子の心理治療過程．吉備国際大学社会福祉学部研究紀要第19号：59-66，2009

27）塚本琢也，田中場忍：いじめ場面における第三者の傍観・仲裁行動の発生・抑制要因の探索的研究．弘前大学大学院教育学研究科心理臨床相談室紀要第 4 号：19-29，2007

28）森田洋司，清永賢二：いじめ，いじめられ―教室では，いま―．いじめ―教室の病い―，20-78，金子書房，東京，1986

29）レオン・フェスティンガー：不協和理論への序説．（末永俊郎監訳）．認知的不協和の理論―社会心理学序説―，1-32，誠信書房，東京，1965

30）原田豊：親子関係と見聞したときの態度に関連はあるか．（森田洋司，滝充，奏政春ほか編）．日本のいじめ―予防・対応に生かすデータ集，242-249，金子書房，東京，1999

31）高橋良臣：いじめっ子に育てない・いじめを見過ごさない子に育てる・子どもを

いじめから守る. 児童心理 4 月号：91-95, 2007

32) 澤田瑞也：共感の概念. カウンセリングと共感, 3-15, 世界思想社, 京都, 1998

第Ⅱ章　高等学校における
「いじめのない学校環境づくり」に関する検討

1. はじめに

　本章では，ヘルスプロモーションの理念に基づく「いじめのない学校環境づくり」について検討する．そこで第Ⅰ章で明らかにした，いじめに対して望ましくない行動のいじめ加害者役割行動，いじめ傍観者役割行動と関連するいじめを容認する態度を改めさせ，いじめに対して望ましい行動のいじめ相談者役割行動，いじめ仲裁者役割行動と関連する共感性やいじめを止める自己効力感を高め，いじめが起きにくい学校風土をつくることを目的とした．そしてヘルスプロモーションの理念に基づき高校生が主体的に行った「いじめ防止プロジェクト」のプロセスとアウトカムの評価[1]から，活動の有効性を検討した．

　今までにも，いじめに対する意識を高める教育は，さまざまな学校で行われてきた[2,3]．しかし，ヘルスプロモーションの考えを取り入れ学校全体でプログラムを実施し，成果を測定した研究は数少ない．そのなかで岡安ら[4]の中学校におけるいじめ防止プログラムは，生徒のみでなく，教職員や保護者に対しても，いじめに対する意識を高めるヘルスプロモーションの考えに沿った実践である．具体的には，校内で「いじめ防止プログラム研究組織」を立ち上げ，いじめ予防の研究授業，生徒を主体としたいじめ予防フォーラム，保護者向けの広報誌の発行などの啓発活動を1年間行い，その効果をいじめの加害件数で測定していた．実践の結果，1年後に，一部の加害行為は減少した．しかしながら，全般的に十分な成果は上げられず，相当の労力を費やしても短期間で直接的にいじめを減少させることは困難であることが示

された.

　一方，ヘルスプロモーション・アプローチ[5, 6, 7)]を取り入れたオーストラリアの「サイバー・フレンドリー・スクール・プロジェクト」(Cyber Friendly Schools Project) のいじめ防止プロジェクト[8, 9)]は，ネットいじめについて最も良く知る生徒を共同研究者として積極的に参加させた．そこでは，生徒の主体的な参加が，いじめへの意識を変えさせ，いじめ防止への行動を起こさせて，いじめ防止に効果をもたらした．このようにプログラムの対象者が，主体的に問題解決に取り組むよう働きかけるヘルスプロモーション・アプローチを学校におけるいじめ問題に適用する実践的試みは日本でも有効であると考えられる．すなわち，生徒が目の前で起こっているいじめ問題を主体的に捉え，予防策を自ら計画し実行するアプローチを実現できれば，生徒間のいじめに対する意識が高まり，その結果，いじめを容認しない学校風土が醸成され，いじめ防止に有効に働くかもしれないからである.

　本研究においては高等学校のヘルスプロモーション活動として，教育課程の特別活動[10)]に位置づけられている生徒会活動に着目した．生徒会活動の目的である「自らの問題を主体的に解決し学校をより良い方向に改善する」[10)]とは，当事者が主体的に問題を解決するプロセスであるヘルスプロモーションと重なる部分がある．特にいじめ問題に関しては，心の健康問題として健康的な学校づくりを担う保健委員会が委員会活動の一環として取り組めると考えられる．一方，ヘルスプロモーションを取り入れた実践の多くは，プリシード・プロシードモデルを活用している．このプリシード・プロシードモデルは，的確な健康教育プログラムを策定・実施し，そのプロセスを評価するため，モデルを活用することにより課題が明確になり，より有効なプログラムが実施できると考えられている[11, 12)].

　そこで，本研究では，研究協力校の保健委員会の生徒が，いじめ防止プロジェクトチームを立ち上げ，プリシード・プロシードモデルを活用しながら全校生徒を巻き込む企画を立て1年間にわたり主体的に活動した様子を記述

した．そして活動のプロセス評価とアウトカム評価から，これらの活動が，いじめのない学校環境づくりに貢献するのかを検討した．なお，本章の著者の立場は，研究協力校の養護教諭であり，ファシリテーターとしていじめ防止プロジェクトに参加している．

2．活動計画

1）いじめ防止プロジェクトの活動の概要

　保健委員会の生徒が，委員会活動の一環としていじめ防止プロジェクトを立ち上げた．いじめ防止プロジェクトの計画立案については，同校の養護教諭が，プリシード・プロシードモデルの枠組みを7名のチームリーダーに提案し，この7名がモデルを用いて，いじめに関わる要因分析を行った．その後，分析された要因に基づき28名のメンバー全員で活動内容を検討した．その結果，いじめ防止の啓発活動として，いじめ防止集会といじめ被害者への支援としてピアカウンセリング活動の実施を決定した．またいじめ防止集会後には，新たに保健委員となった1年生が中心となり文化祭発表を行った．生徒が主体となって企画した活動計画は，養護教諭によって職員会議に提案され，管理職及び教職員に共通理解が図られ，学校全体での取り組みとして実現した．これらのいじめ防止プロジェクトの活動の評価は，養護教諭である著者と他の2名の研究者で行った．

2）活動の対象と期間

　活動の対象は，A高等学校の1年生から3年生までの生徒723名（男子378名，女子345名）であった．実施時期は，プロジェクトチームを結成した2012年11月からプロジェクトを終了した2014年3月までであった．調査は，自記式質問紙調査票を用いて無記名で行い，事前調査は，2，3年生は2013年3月，1年生は2013年4月に実施し，事後調査は，全学年2014年3月に実施した．

3）「いじめ防止プロジェクト」チーム結成の経緯

2012年11月，A高等学校の養護教諭である著者が，新聞やニュースで報道されているいじめ自殺について，どう考えるのか保健委員会の生徒に投げかけた．生徒からは，「同じグループだったのに，急に無視された」「教室には，キモイ，死ね，などの言葉の暴力が溢れている」「部活の上級生が，ふざけたふりをして下級生を叩く」などの実態が出された．これらより，いじめは心の健康を損なうものであり，保健委員会の活動として早急に取り組むべき課題であると確認した．そして1，2年生の保健委員会の生徒を中心に，いじめ防止を目的としたプロジェクトチームが結成された．その後，養護教諭がファシリテーターとなり，7名のチームリーダーを含む男子14名，女子14名，計28名のメンバーでプロジェクトを開始した．

4）プリシード・プロシードモデルの「いじめ防止プロジェクト」への活用

いじめ防止プロジェクトの計画については，プリシード・プロシードモデル[1]のプリシードの部分を用いて養護教諭と7名のチームリーダーで検討した（図Ⅱ-1）．まず養護教諭がプリシード・プロシードモデルの図を示し，健康政策を計画する際には，その健康課題に関連する要因の分析が必要であり，そのためにはプリシード・プロシードモデルの活用が有用であるとチームリーダーに伝えた．そして，要因を分析するためプリシードモデルを右から左に順を追って，それぞれの項目に当てはまる内容を考えた．

まず，①「QOL」は，生活の質を意味し，対象者がどうなればよいのかを示す．②「健康」は，具体的に値が示せる達成目標を示す．③「行動とライフスタイル」は，影響を与える生活習慣を示す．④「環境」は，影響を与える生活環境を示す．⑤「準備要因」は，影響を与える知識や態度を示す．⑥「強化要因」は，行動が続けられる他の人からの支援を示す．⑦「実現要因」は，実現可能になる人やものや条件を示す．⑧「教育戦略」は，計画の実行を妨げる運営上の問題点を示す．⑨「政策・法規・組織」は，具体的な計画

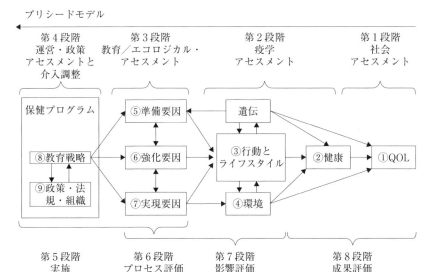

図Ⅱ-1　プリシード・プロシードモデル

を立てるため，いつ，どこで，誰が，何を，誰にするのかを示すと説明した．なお，「遺伝」については，要因を考えるのが困難であると考え扱わなかった．

　その後，いじめ問題もこのプリシード・プロシードモデルに沿って9つの項目ごとに要因を考えることにした（図Ⅱ-2）．チームリーダーは，このプリシード・プロシードモデルの枠組に沿っていじめの要因を考えた後，7名が共通して考えた内容を採用し，共通しない内容は再度，話し合って決めた（図Ⅱ-3）．

(1)　いじめ要因分析

　プリシードモデルを用いて分析を行った結果，第1段階の社会アセスメントの【QOL】では，一人一人が生き生きと過ごせる「いじめのない学校」

① 【QOL（生活の質）】学校のいじめ問題がどうなるとよいのか
② 【健康】いじめ防止の具体的な達成値（値が示せる内容）
③ 【行動とライフスタイル】いじめに影響を及ぼす生活習慣や行動は何か
④ 【環境】いじめに影響を及ぼす学校環境は何か
⑤ 【準備要因】いじめ防止に影響を及ぼす知識や態度は何か
⑥ 【強化要因】いじめ防止に影響を及ぼす友人や先生からの支援は何か
⑦ 【実現要因】いじめ防止を可能にするもの（人，もの，お金，情報）は何か
⑧ 【教育戦略】いじめ防止の取り組みをするうえで運営上の問題は何か
⑨ 【政策・法規・組織】取り組みについて，いつ，どこで，誰が，何を，誰にするのか
注）遺伝要因は，検討しなかった

図Ⅱ-2　プリシードモデルを用いたいじめ要因分析時に提示した9つの項目

を目指す．次に第2段階の疫学アセスメントの【健康】の具体的な成果目標値（アウトカム）は，いじめ加害者やいじめ傍観者を減らし，いじめ相談者やいじめ仲裁者を増やす．また，いじめに影響を与える【行動とライフスタイル】は，いじめ加害者は，精神的に荒れていて，弱い者をいじめている，いじめ被害者は，いじめ加害者に対してはっきり嫌だと言えないなどが挙げられた．そして，いじめに影響を与える【環境】は，いじっていても（いじりとは，からかいと類似した行為の一種），いじめていても，誰も止めない学校の環境がある．さらに，第3段階の教育／エコロジカル・アセスメントのいじめに影響を及ぼす【準備要因】は，いじりといじめの境が曖昧で，いじめの範囲が分からないなど理解の不足や，いじめられている人の気持ちが分からないなど共感性の乏しさが挙げられた．いじめを止める【強化要因】は，周囲の者がいじめに気づく，友人同士で助けあうことがいじめを防ぐために必要である．実際にいじめを防止する【実現要因】は，いじめに関する正しい知識を発信する，いじめの相談に親身になって話を聴ける援助者をつくる，などが挙げられた．

⑵ 「いじめ防止プロジェクト」計画策定

　チームリーダーがプリシードモデルを用いて行ったいじめ要因分析から，

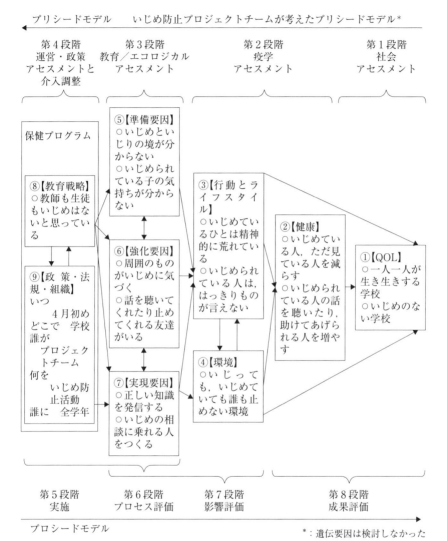

図Ⅱ-3　いじめに関わる要因分析　プリシード・プロシードモデル

具体的に学校で何ができるのか，何が阻害要因として考えられるのか，チームのメンバー28名全員で検討した．その結果，第4段階，運営・政策アセスメントと介入調整の【教育戦略】の，いじめ防止プロジェクトを実現させる学校組織に対する問題点として，教師も生徒も，いじめはないと思っている，などが挙げられた．

　そこで具体的な【政策・法規・組織】は，いじめ防止プロジェクトの目的を，一人一人が，いじめは自分たちの身近にあると自覚し，いじめに関する正しい知識を持ち，いじめられている人の相談にのり，いじめを仲裁できる人を増やすなど，いじめを解決しやすい学校環境をつくるとした．そのための行動目標を，プロジェクトを実施してから1年以内に，いじめ加害者，いじめ傍観者を減らし，いじめ仲裁者，いじめ相談者を増やすことで，いじめ被害者を減らすことに定めた．

　さらにいじめ防止の活動時期は，いじめは，お互いをよく知らない時期には起こりにくいが，クラスの力関係が出来る5月，6月頃から始まるため，4月第1週目のロングホームルームの時間にいじめ防止集会を開催すると決めた．また，いじめ被害者に対する支援として，いじめ相談を受けるピアカウンセリングの実施を決め，スクールカウンセラーにカウンセリングの講習を依頼した．養護教諭は，いじめ防止プロジェクトとして生徒が発案した活動計画を職員会議に提案した．そして全教職員から了承を受け，管理職はじめ学年担任らの全面的な協力を得てプロジェクトは実施された．

3．活動の実際

1）「いじめ防止プロジェクト」の諸活動

⑴　いじめ防止集会

　まず，いじめ防止集会の準備として，プリシード・プロシードモデルの【準備要因】で示されたいじめといじりの境がわからないことと，いじっても，いじめていても誰も止めない【環境】に対して，いじめ傍観者もいじめ

を容認していることを示すいじめの4層構造や，いじりといじめの違いを分かり易く漫画で示したリーフレット（題名「それって本当にいじり？いじりといじめ」）を，既成のリーフレット[13]を参考に作成した（pp. 118-121　資料1，2．参照）．次に，【強化要因】で示されたように，周囲の生徒がいじめに気づき友人同士での助け合いが必要であることを知らせるため，いじめを題材にしたDVD（題名「いじめのない学校」）を制作した．

　いじめ防止集会では，「いじめのない学校」のDVDを上映した後，リーフレットの内容を説明し，周囲で行われている行為がいじめではないのか注意を払ってほしい．そして，いじめは仲間の支援によって解決できるものであると訴えた．さらにチームメンバーのうち10名がピアカウンセラーとなり，いじめ問題を一緒に考えるので，いじめを受けている生徒は悩みを1人で抱え込まないで周囲に相談してほしい旨を伝えた．集会は，4月第1週目に，司会，進行，すべてプロジェクトチームの生徒が主体となり実施した．

⑵　文化祭発表

　いじめ防止集会後には，いじめ防止プロジェクトに賛同した新1年生の14名が保健委員会活動に加わり【政策・法規・組織】の追加の取り組みとして，新たないじめ防止のDVD（題名「いじめのない学校2」）制作やいじめ防止の掲示物を作成し9月の文化祭で発表した．そして在校生だけではなく小・中学生，保護者，地域の方々にいじめ防止を訴えた．また，いじめ防止DVD「いじめのない学校2」を，11月の生徒総会でも全校生徒に向け上映した．

⑶　ピアカウンセリングとその他の活動

　【実現要因】でいじめの相談を受ける人が必要であると示されたように，いじめ防止プロジェクトのメンバーの中から，スクールカウンセラーに講習を受けた生徒10名が，ピアカウンセラーとなり，毎週特定の曜日に保健室横の個室でピアカウンセリングを実施した．相談件数は1年間で3件であった．

少ない件数であるが，いずれも人間関係に悩んで訪れてきた生徒であり深刻
な内容であった．これらの相談については，本人の意思を確認して，スクー
ルカウンセラー，担任教諭と連携を図りながらピアカウンセリングを行った．

　その他の活動として「いじめのない学校」通信を年間3号（9月，12月，
3月）発行し，ポスターを作成し掲示するなど，いじめ防止を継続的に訴え
た．

(4)　研究における倫理的配慮

　「いじめ防止プロジェクト」は，研究協力校の管理職ならびに教職員に研
究の趣旨を口頭及び文書で説明し同意を得て，保健委員会活動の一環として
実施した．また，DVD制作と上映については文書で，研究協力校の管理職，
生徒及び生徒の保護者から同意を得た．さらに，いじめの役割行動といじめ
意識の質問紙調査は，個人を特定されないように無記名で行い，糊付け封筒
に入れて回収するなどプライバシーの保護に努めた．そして調査に協力しな
くても不利益を被らないことを保障した．

4．評価方法

1）評価の概要

　いじめ防止プロジェクトの評価を，いじめ防止プロジェクトの活動が効果
的に実施されたのか，活動自体を評価するプロセス評価と，活動が目標（本
研究では【健康】の具体的な成果目標値）に達成できたのか，また【QOL】であ
るいじめへの意識が高まったか，などの総括的な評価であるアウトカム評価
を行った．

　プロセス評価は，まず，高等学校のいじめ防止プロジェクトにプリシー
ド・プロシードモデルを用いた過程を評価した．活動状況については，いじ
め防止集会，文化祭発表，ピアカウンセリングの成果を評価した．アウトカ
ム評価は，いじめ防止プロジェクトの成果目標値（アウトカム）として，【健

康】で示された開始1年後のいじめ加害者，傍観者，被害者，仲裁者，相談者の役割行動といじめに関わる心理社会的要因の得点の差を検討した．さらに，【QOL】の「いじめのない学校」にするにはどうすればよいか，プロジェクト開始前と開始1年後の生徒の記述文の内容を検討した．さらに，プロジェクトメンバーのプロジェクト実施後のいじめに関する意識を検討した．

2）活動の評価方法

(1)　プロセス評価

①　プリシード・プロシードモデルを用いた評価

　いじめ問題の渦中にいる当事者である生徒が，プリシード・プロシードモデルを用いて，いじめ防止についての情報収集，アセスメント，問題の分析，目標の設定を行ったプロセスは，活動を行う上で適切であったのかを評価した．

②　いじめ防止集会のプロセス評価

　いじめ防止集会の評価は，集会後に配布した無記名の質問紙調査により行った．まず，集会の内容については，集会で上映した「いじめのない学校」のDVDと，いじめといじりの違いを示した「それって本当にいじり？いじりといじめ」のリーフレットに対し，「とても良かった」「良かった」「ふつう」「あまり良くなかった」「全く良くなかった」の5件法で回答してもらった．また，いじめに関する考えや感想を自由に記述してもらった．

③　文化祭発表，ピアカウンセリングのプロセス評価

　文化祭発表は，来場者が記した感想記述から評価した．ピアカウンセリングは，利用状況やピアカウンセリングの内容から評価した．

(2)　アウトカム評価

①　いじめ役割行動，いじめに関わる心理社会的要因といじめに対する意識の変化

　いじめ防止プロジェクトに参加した対象者のいじめ役割行動の変化を評価した．評価については，第Ⅰ章で用いた尺度と同じ尺度で行った．いじめ役割行動得点を得るために，「悪口やからかいなど嫌なことを言う」（言葉のいじめ），「遊ぶふりをして，たたく，蹴る」（身体的いじめ），「仲間外れ，無視する」（精神的いじめ）の３種類のいじめの経験を取り上げた．それぞれについて加害者経験，傍観者経験，被害者経験，仲裁者経験，相談者経験の５領域で計15項目設定し，過去１年間の経験を「全くない（１点）」，「年に１，２回（２点）」，「月に２，３回（３点）」，「１週間に１回以上（４点）」の４段階で尋ねた．それぞれの合計得点を算出し，合計得点を，いじめ役割行動得点とした．また，いじめに関わる心理社会的要因については，いじめ容認態度，攻撃性，共感性，自己管理スキル，ストレス反応，いじめを止める自己効力感，ソーシャル・サポートについて，各尺度を用いて検討した．

　いじめの意識については「いじめのない学校にするには，どうすればよいか」と尋ね，自由に記述してもらった．

② **プロジェクトメンバーの意識の変化**

　生徒主体のいじめ防止プロジェクトは，企画，実行に参加したプロジェクトメンバーの意識にどのような影響をもたらすのか評価するため，すべての活動が終了した後，いじめ防止プロジェクトに参加した感想を自由に記述してもらった．

⑶　分析方法

　自由記述への回答は，著者が内容をカテゴリー化した後，他の２名の研究者が確認し，意見が一致しなかったものは再度検討した．自由記述の分析は，記述された内容をコード化し，サブカテゴリー，カテゴリーへとまとめ上げた．

　いじめ防止集会後の自由記述は，大津らの情意及び認知形成過程の仮想モデル[14, 15)]を参考に，【学習の受け入れ】，【反応・感情的態度】，【価値づけ・

認知的態度】，【行動的態度】の４つの階層に分類した．この階層では低次の【学習の受け入れ】から高次の【行動的態度】へ情意が形成されるほど，行動変容が起こりやすいと考えられている．

　いじめのない学校にするにはどうすればよいかについての自由記述は，一人が複数の意見を示した時は意見ごとに分けて分類し，コード，サブカテゴリー，カテゴリーとした．その後，いじめ防止プロジェクト開始前，いじめ防止プロジェクト開始１年後のサブカテゴリーのコードの数を比較した．いじめ役割行動の差は，事前と事後のいじめ役割行動得点を，対応のない t 検定を用いて検討した．統計解析には SPSS for Windows Ver. 22.0を用いた．

5．評価結果

1）プロセス評価

⑴　プリシード・プロシードモデルを用いた評価

　プリシード・プロシードモデルを用いて，いじめ防止プロジェクトのメンバーがいじめ要因分析を行ったため，高校生のいじめの特徴や課題が，段階ごとに明確に示された．具体的には，高校生のいじめは，いじめとからかいとの境が不明瞭で，周囲のものが仲裁に入りにくい実態が示された．そこでいじめへの理解を深めさせ，仲裁できる者を増やすとの具体的な支援目標を立てた．このことよりプリシード・プロシードモデルの活用は，いじめ防止プロジェクト活動に有益であったと考えられた．さらにメンバーが今までの学校生活の経験から，いじめが始める時期を予測し，いじめ防止集会の時期をクラスの力関係ができる前の４月初旬に計画するなど，いじめ防止プロジェクトの取り組み時期についても示唆を得た．

⑵　いじめ防止集会の評価

①　DVDとリーフレット

　いじめ防止集会には，723名が参加した．いじめ防止集会時に上映した

「いじめのない学校」の DVD 及び，いじめといじりの違いを示した「それって本当にいじり？〜いじりといじめ〜」のリーフレットは，およそ 8 割の生徒が良かったと回答していた（表 II -1）．DVD やリーフレットについての感想記述では，「周りの人の助けが大切だと思った．」「いじめに対して注意する以外に相談にのることができるのだと知ることができてよかった．」「いじりといじめの違いが分かった．いじりでも相手が嫌がっていたら，いじめだと思った．」などの意見が寄せられ，参加者にいじめ防止集会の意図が伝わっていた．

　また，教職員からも DVD やリーフレットなど作品の完成度が高く，プロジェクトチームが自主的にいじめ防止集会を開催している点が良いとの意見も多く寄せられた．

② **いじめに対する意識**

表 II -1　DVD とリーフレットに関する評価

「いじめのない学校」DVD　（$n = 723$）

学年	とても良かった	良かった	ふつう	あまり良くなかった	全く良くなかった
	人数（%）	人数（%）	人数（%）	人数（%）	人数（%）
1 年	158（57.0）	75（27.1）	40（14.4）	3（1.1）	1（0.4）
2 年	123（47.9）	75（29.2）	52（20.2）	6（2.3）	1（0.4）
3 年	100（52.9）	46（24.3）	39（20.6）	3（1.6）	1（0.5）
全学年	381（52.7）	196（27.1）	131（18.1）	12（1.7）	3（0.4）

「それって本当にいじり？〜いじりといじめ〜」リーフレット　（$n = 723$）

学年	とても良かった	良かった	ふつう	あまり良くなかった	全く良くなかった
	人数（%）	人数（%）	人数（%）	人数（%）	人数（%）
1 年	143（51.6）	83（30.0）	41（14.8）	9（3.2）	1（0.4）
2 年	106（41.2）	70（27.2）	72（28.0）	7（2.7）	2（0.8）
3 年	86（45.5）	52（27.5）	45（23.8）	2（1.1）	4（2.1）
全学年	335（46.3）	205（28.3）	158（21.9）	18（2.5）	7（1.0）

　いじめに対する自由記述は，723名中，624名（86.3%）から回答を得た．得られた回答を情意及び認知形成過程の仮想モデルに沿って分析し，【いじめ防止プロジェクトの受け入れ】【いじめ防止への反応・感情的態度】【いじめ防止への価値づけ・認知的態度】【いじめ防止への行動的態度】の4つの階層ごとに分類した（表Ⅱ-2）．いじめ防止をポジティブに捉えた意見は，全体の9割であり，内訳は【いじめ防止プロジェクトの受け入れ】3割，【いじめ防止への価値づけ・認知的態度】5割，【いじめ防止への行動的態度】1割であった．一方で，いじめ防止集会をネガティブに考えた意見は，1割弱で，「いじめはなくならない」「いじめられる方にも理由がある」などがあった．

③　文化祭発表とピアカウンセリング

　文化際は，2日間行われ，来場者は延べ250名であった．来場した中学生から，「いじめは，よくない．でも，いじめをやるのもいけないけど，見て見ぬふりをするのは，もっと良くないと思った．」などの意見や，保護者から，「娘も中学生時代，いじめられていたことを思い出した．是非，いじめのない学校をつくってほしい．」など，活動を応援したいという意見が寄せられた．

　ピアカウンセリングの実施について，いじめ防止集会，文化祭，生徒総会，通信などでアピールしたが相談件数は1年間に3件に留まった．そのなかには部活内で発生したいじめ問題に対してピアカウンセラーがいじめ被害者の生徒の立場に立って話を聴き，一緒に問題を解決するものもあった．

2）アウトカム評価

⑴　いじめ役割行動と意識の変化

　プロジェクト開始前と開始1年後に，無記名自記式調査で過去1年間のいじめの経験といじめに関する考えを尋ねた．生徒723名中，事前調査に回答のあった595名（82.3%），と事後調査に回答のあった552名（76.3%）を対象

表Ⅱ-2　いじめ防止集会後の感想記述

カテゴリー[1]	サブカテゴリー	コード	件数
いじめ防止プロジェクトの受け入れ	いじめ防止プロジェクトの受け入れ	内容が分かり易くて良かった	132
		いじめ防止プロジェクトを応援したい	45
		いじりといじめの違いが分かった	20
		もっと内容のあるものにしてもらいたかった	16
		いじめについて改めて考えさせられた	13
		いじめられる側の気持ちを分かっていない	3
		何をしてくれるのか具体的に教えてほしい	1
いじめ防止への反応・感情的態度	いじめへの感情	こわい，悲しい，許せない	14
		誰にも相談できないから苦しい	3
いじめ防止への価値づけ・認知的態度	いじめへの考え	いじめは人を傷つける暴力である	11
		いじめはささいなことでおきる	9
		いじめはなくならない	9
		いじめられる方にも理由がある	6
		いじめは意味がない	6
		いじめている方には自覚がない	3
	いじめへの確信	いじめは絶対にしてはいけない	210
		いじめのない学校にすべき	25
		いじめは生徒だけでは解決できない，大人が入るべき	2
	いじめ防止への具体的な方策	周囲の人の対応が必要	22
		相手の立場にたって考える	11
		一人一人がしっかり考えること	5
		いじめを止める勇気をもつ	2
		皆で仲良くする	2
いじめ防止への行動的態度	いじめ防止への行動宣言	いじめを見たら止める	25
		いじめが起きないように働きかける	9
		いじめをしない	8
		自分の言動に気を付ける	7
		いじめ防止プロジェクトに参加する	5

[1] 大津らの情意及び認知形成過程の仮想モデルで分類した．

表Ⅱ-3　いじめ防止プロジェクト開始前と開始1年後のいじめに関わる心理社会的要因といじめ役割行動の変化について，対応のない t 検定

		開始前（$n=595$）	開始1年後（$n=552$）	群間差 p 値
		平均値（標準偏差）	平均値（標準偏差）	
心理的要因	いじめ容認態度	37.6　(7.6)	38.0　(7.8)	0.34
	攻撃性	18.1　(4.6)	18.2　(4.6)	0.57
	共感性	18.5　(3.5)	18.2　(3.3)	0.08
	自己管理スキル	25.0　(4.2)	25.1　(4.1)	0.59
	ストレス反応	23.6 (13.1)	23.8 (13.7)	0.74
	いじめを止める自己効力感	11.0　(2.9)	11.0　(2.8)	0.78
社会的要因	ソーシャル・サポート	8.5　(2.0)	8.4　(2.1)	0.37
いじめ役割行動	加害者役割行動	4.8　(2.0)	4.5　(2.1)	0.02*
	傍観者役割行動	4.8　(2.1)	4.4　(2.2)	0.01**
	被害者役割行動	4.8　(2.0)	4.6　(2.1)	0.04*
	仲裁者役割行動	4.0　(1.6)	3.9　(1.8)	0.30
	相談者役割行動	4.1　(1.7)	3.8　(1.7)	0.01**

** : $p<0.01$，* : $p<0.05$

とし，対応のない t 検定で分析した．その結果は，表Ⅱ-3に示す通り，いじめに関わる心理社会的要因については，差がみられなかった．被害者役割行動得点（$p<0.05$），加害者役割行動得点（$p<0.05$），傍観者役割行動得点（$p<0.01$），相談者役割行動得点（$p<0.01$）は，事前より事後の方が低かった．仲裁者役割行動得点（$p=0.30$）は，事前と事後の差はなかった．

　また，「いじめのない学校にするにはどうすればよいか」の自由記述から，〈いじめ加害行動〉，〈いじめ被害行動〉，〈いじめ傍観行動〉，〈いじめ仲裁行動〉，〈いじめ相談行動〉，〈コミュニケーション能力〉〈いじめに対する意識〉，〈いじめのない環境〉〈学校や教師の責任〉，〈いじめのない学校はつくれない〉の10のカテゴリーが生成された．これらのカテゴリーは，23のサブカテゴリーから成り立っており，代表的なコードは表Ⅱ-4に示すとおりである．

　コードの延べ件数は，いじめ防止プロジェクト開始前496件，開始1年後

表Ⅱ-4　いじめのない学校にするには,

分類	概要	代表的な回答例
いじめ加害行動	問題をいじめで解決しない	悪口,陰口を言わず言いたいことは本人に直接伝える.周りを巻き込まない
	感情をコントロールする	少しのことでかっとして嫌な事をしない.こころを広く持つ
	関わりをもたない	嫌なら関わらない
	いじめが恥ずかしいことだと気づく	いじめが恥ずかしいと気づかせ,後悔させる
いじめ被害行動	いじめられる原因を作らない	いじめられる側がいじめられる原因をつくらない
	いじめに立ち向かう	人に相談したり,やられたらやり返す
いじめ傍観行動	みてみぬふりはしない	周りの人は「やりすぎだ」と声をかけ,見て見ぬふりをしない
いじめ仲裁行動	早期に気づく	いじめがないか注意深くみる
	いじめを止め解決に導く	いじめを見かけたら注意し,解決する
いじめ相談行動	いじめの相談にのる	いじめの相談にのる,話を聞く
コミュニケーション能力	お互いを尊重する	一人一人の意見や個人のことを尊重し認める
	友人関係を上手く築く	友人関係を上手く築けるようコミュニケーション力を高める
いじめに対する意識	いじめについて考え,向き合う	一人一人がいじめについて意識し,考える
	いじめられている人の気持ちを考える	いじめられている人の気持ちを考える
	いじめをなくそうと努力する	一人一人がいじめを無くそうと努力する
	いじめは絶対にいけない	いじめ,ダメ,絶対,いじめは,なくなってほしい
いじめのない環境	周囲の環境を良くする	いじめのできない環境をつくる
	明るいクラスをつくる	みな仲良くして,明るいクラスをつくる
	何かあったらクラスで話し合う	問題があったらクラスで話し合う
学校や教師の責任	学校がいじめを把握する	監視カメラをつけたり,いじめ調査を行い管理する
	学校がいじめ加害者に罰を与える	いじめに対して罰を与える
	先生がいじめに気づき対処する	まず先生が,いじめに気づき対処する
いじめのない学校はつくれない	いじめはなくならない	人がいるかぎり,いじめはなくならない

どうすればよいかについての自由記述

いじめ防止プロジェクト　開始前（延べ496件）					いじめ防止プロジェクト　開始1年後（延べ340件）				
1年 (件数)	2年 (件数)	3年 (件数)	全体 (件数)	全体 (%)	1年 (件数)	2年 (件数)	3年 (件数)	全体 (件数)	全体 (%)
15	13	10	38	7.7	9	8	3	20	5.9
12	17	6	35	7.1	7	4	3	14	4.1
0	4	0	4	0.8	1	2	0	3	0.9
1	1	1	3	0.6	3	4	0	7	2.1
3	11	4	18	3.6	4	4	0	8	2.4
3	4	4	11	2.2	3	3	2	8	2.4
3	2	0	5	1.0	3	3	2	8	2.4
1	2	1	4	0.8	0	3	1	4	1.2
11	3	4	18	3.6	24	11	4	39	11.5
3	3	1	7	1.4	4	0	1	5	1.5
13	5	1	19	3.8	3	4	3	10	2.9
7	2	2	11	2.2	4	3	1	8	2.4
10	4	4	18	3.6	4	6	2	12	3.5
4	9	2	15	3.0	1	2	1	4	1.2
7	11	5	23	4.6	7	7	2	16	4.7
15	8	7	30	6.0	13	14	8	35	10.3
12	3	1	16	3.2	10	1	0	11	3.2
24	15	5	44	8.9	15	7	3	25	7.4
13	8	1	22	4.4	4	5	2	11	3.2
5	9	4	18	3.6	3	4	3	10	2.9
13	3	4	20	4.0	7	1	3	11	3.2
12	20	13	45	9.1	7	10	2	19	5.6
27	28	17	72	14.5	20	20	12	52	15.3

340件であった．プロジェクト開始前，サブカテゴリーで最も多くのコード数は，「いじめはなくならない」であり72件あった．次に，「先生がいじめに気づいて対処する」45件，「明るいクラスをつくる」44件，いじめ加害者が「問題をいじめで解決しない」38件であった．プロジェクト開始1年後，サブカテゴリーで最も多くのコード数は，「いじめはなくならない」52件，次に「いじめを止め解決に導く」39件，「いじめは絶対にいけない」35件，「明るいクラスをつくる」25件であった．プロジェクト前も後も「いじめはなくならない」との意見が最も多かった．しかし，プロジェクト前に次に多かった「先生がいじめに気づいて対処する」との受動的な意見は減り，「いじめを止め解決に導く」との能動的な意見は増えており，事前と事後の生徒の意識に差がみられた．

(2) プロジェクトに参加したメンバーの意識の変化による評価

　いじめ防止プロジェクトチームのメンバー28名のプロジェクト終了後の感想記述で，DVDに出演した生徒から「このプロジェクトに参加する前は，『いじめられる側にも問題がある』と考えていたが，実際にいじめ被害者の役を演じてみて，改めて，いじめをする加害者がいるからいじめが起こると気づいた」との意見が出された．また，ピアカウンセラーとなった生徒からは，「前は，いじめはなくならないと思っていた．でも，今は被害を少なくしたり，解決できると思えるようになった．これからは自分なりにいじめをなくす行動をとろうと思う．」などと，活動を通して，いじめに対する意識が変化している様子が窺えた．

6．考察

　本研究は，ヘルスプロモーションの理念に基づきいじめ問題の当事者である高校生がプリシード・プロシードモデルを用いて実践した「いじめ防止プロジェクト」が，いじめのない学校環境づくりに有効であるか，プロセス評

価とアウトカム評価より検討した.

　まず，プロセス評価としてプリシード・プロシードモデルを用いたことを評価した. その結果，生徒が主体となりプリシード・プロシードモデルを用いていじめ問題を分析したことで，対象校のいじめの実態に沿ったいじめ防止プロジェクトとなったことが示された. 多くの教育現場では，いじめは人権問題であると捉え，講演会やホームルームを通して，大人がいじめ防止を訴えている[16]. また，いじめに関する研究[17]では，高校生がいじめを傍観する理由を，いじめを仲裁すると次に自分がいじめの対象になるのではないかと考え躊躇するからと説明している. しかし，いじめ問題を，当時者である高校生が分析すると，高校生の「いじめ」は，似たような行為の「いじり」との違いが不明瞭であり，そのため周囲の者は「いじめ」と認識しておらず，止めるなどの仲裁行動を取りにくい実態が示された. この分析結果から，「いじめ」と「いじり」の違いを分かり易く示し，周囲で起こる出来事が「いじめ」である可能性を考えさせ，その行為に対して仲裁できる者を増やすなどの具体的な目標を立てられた. よって，いじめ問題の当事者である生徒が，プリシード・プロシードモデルを用いた問題分析，計画立案は，実効性のあるプログラム作成に貢献できることが示された.

　次に，プロセス評価の一部として用いたいじめ防止集会のいじめ防止のリーフレットや DVD は，多くの生徒から内容が分かり易く良いとの評価を得ており，いじめ防止プロジェクトが生徒に受け入れられている様子が窺えた. また，教職員からも自主的な活動について良い評価を受けていた. また，いじめ防止集会後の自由記述では，行動変容に結びつく態度を表明している者が 1 割存在しており，生徒のいじめを止める自己効力感の向上に有効であった. 自己効力感は，モデルの観察により，高められるとされている[18]. 同じ学校の生徒がいじめ防止プロジェクトを立ち上げ，いじめ防止集会で，いじめは仲間の支援で解決できるとのメッセージは，いじめ防止行動のモデルとなり，集会に参加した生徒のいじめ防止行動への自己効力感を高めさせた.

さらに，文化祭での発表では，中学生や保護者の方々から応援しているとの
メッセージが多数あり，いじめ防止活動が学校外でも肯定的に受け入れられ
た様子が窺えた．一方，スクールカウンセラーの指導を受けたピアカウンセ
リングは，1年間実施し，さまざまな場面で相談を呼びかけた．しかし，相
談件数は3件に留まった．ピアカウンセリングは，保健室横の部屋で実施し
ており，他の生徒の出入りの多い場所であった．そのため，いじめ被害者に
とって相談しにくい場所や状況であったと推察される．今後は，相談しやす
い体制にするには，どうすればよいのか場所を含めて検討する必要がある．

　さらにアウトカム評価については，いじめ防止プロジェクトの結果として，
いじめ被害者役割行動，いじめ加害者役割行動，いじめ傍観者役割行動，い
じめ相談者役割行動の得点は，事前より事後の方が低かった．成果目標値と
して挙げた，いじめ加害者，傍観者，被害者の役割行動は，減少できた．し
かし，相談者役割行動も1年後に減ってしまったことや，さらに仲裁者役割
行動を増やすまでには至らなかったことが示された．これは，いじめ防止プ
ロジェクトによって，いじめに対する具体的な支援行動が増えて，いじめ被
害が減少したのではなく，いじめ加害者行動が減ったため，いじめ被害を減
少させることができたと考えられた．一方で，プロジェクト開始前に多かっ
た「教員がいじめに対処すべき」との受動的な記述が減り，プロジェクト開
始1年後に「いじめを注意し解決に導く」と能動的にいじめ防止に関わりた
いとの記述の増加から，事前と事後の生徒の意識に差がみられたと考えられ
る．

　そして，いじめ防止プロジェクトのプロセス評価とアウトカム評価により，
いじめ防止プロジェクトは，参加者に肯定的に受け入れられ，事前と事後で
参加者のいじめ役割行動やいじめ意識に差が見られた．また，いじめ防止プ
ロジェクトの企画，運営に携わったプロジェクトチームのメンバーが，いじ
めを自分たちの問題であると捉え主体的に取り組んだことで，いじめに対す
る意識が高まり，いじめ防止行動への自己効力感が高まっていた．これらの

ことより，いじめ防止プロジェクトの活動は，生徒のいじめに対する意識を変えさせ，いじめ加害者役割行動を抑止したことで，いじめのない学校環境づくりに影響を与えた可能性がある．

　しかしながら，本研究においては，著者が養護教諭という立場で，その学校で勤務しながらのフィールドワークの実施がプラスに影響した可能性がある．例えば，養護教諭として勤務していた著者は，職務として生徒間のいじめ問題に他の教職員と連携を図り対応しており，職員会議等でいじめ防止プロジェクトの取り組みを教職員に伝えた行動が，教員のいじめへの意識を高め生徒指導の充実に繋げた可能性もある．そのため，学校の内部の者が行ったフィールドワークは，その学校に所属するだけでも，研究の効果が得られやすいプラスのバイアスを生じさせる可能性がある．今後は，いじめ防止プロジェクトの実践が客観的に有効であるのかを検討する必要がある．

　本研究では，すでに述べたようにいじめに関わる望ましくない役割行動の減少に貢献できた．しかし，いじめ防止プログラムの事前と事後において，いじめを容認する態度などには差がなかった．そのため，いじめを容認しない学級集団の規範意識の形成までには至らなかった．よって，いじめを容認しない学校風土を醸成するために，生徒一人一人のいじめを容認しない態度を培う必要がある．

　以上より，第Ⅲ章では，高校生がいじめを主体的に考えられ，いじめを容認しない態度を培うなどのいじめに対する望ましい意思決定・行動選択に貢献する「いじめ防止授業」を開発し，実践，評価を行う．

注

1 ）ローレンス W. グリーン，マーシャル W. クロイター：企画のフレームワーク．（神馬征峰訳）．実践　ヘルスプロモーション PRECEDE-PROCEED モデルによる企画と評価，1-29，医学書院，東京，2005

2 ）中原千琴，相川充：“問題の外在化” を用いたいじめ防止プログラムの試み−小学校低学年における授業を通して−．東京学芸大学紀要 総合教育科学系57：71-81，

2006

3） 井上淳：いじめの加害者を生まない学級集団を育てる指導の在り方－中学校にお
ける「いじめ防止プログラム」の開発を通して－．Available at：http://www.hiro
shima-c.ed.jp/center/wp-content/uploads/kenkyu/choken/h25_kouki/kou21.pdf
Accessed May 2, 2016

4） 岡安孝弘，高山巌：中学校における啓発活動を中心としたいじめ防止プログラム
の実践とその効果．カウンセリング研究37：155-167，2004

5） ローレンス W. グリーン，マーシャル W. クロイター：ヘルスプロモーションの現
在と計画作りの枠組み．（神馬征峰，岩永俊博，松野朝之ほか訳）．ヘルスプロモー
ション PRECEDE-PROCEED モデルによる活動の展開，1-46，医学書院，東京，
1997.

6） 神馬征峰：ヘルスプロモーションを超えて：健康か幸福か？．日本健康教育学会
誌17：268-273，2009

7） 日本健康教育士養成機構：健康教育・ヘルスプロモーション概論．新しい健康教
育　理論と事例から学ぶ健康増進への道，11-45，保健同人社，東京，2011

8） Child Health Promotion Research Centre：An empirical trial to reduce cy-
ber-bullying in adolescents. Available at：https://www.ecu.edu.au/schools/
medical-and-health-sciences/research-activity/school-based-projects/
child-health-promotion-research-centre/child-health-promotion-research-centre/
projects/an-empirical-trial-to-reduce-cyber-bullying-in-adolescents Accessed
September 15, 2016

9） Donna Cross：Using the Health Promoting Schools Model to Reduce Harm
from School Bullying. 学校保健研究54：288-293, 2012

10） 文部科学省．高等学校学習指導要領解説特別活動編．Available at：http://www.
mext.go.jp/a_menu/shotou/new-cs/youryou/1282000.htm　Accessed May 2, 2016

11） 本間和代，木暮ミカ，幸田奈美ほか：プリシード・プロシードモデルを応用した
ヘルスプロモーションの展開－小学校における学校保健への導入－．明倫歯科保健
技工学雑誌10：24-30，2007

12） 吉田貴美代：健康教育学習にプリシード・プロシードモデルを応用した効果的学
習のあり方．日本健康教育学会誌13 Suppl.：228-229，2005

13） NPO 法人女性ネット Saya-Saya 暴力防止ユースプログラム「チェンジ」：あなた
の恋は，どう？～デーティング・バイオレンスって何？～．Available at：http://
saya-saya.net/about.html　Accessed September 15, 2016

14）大津一義：ライフスキル教育の評価．（大津一義編）．実践からはじまるライフス
キル学習　喫煙・飲酒・薬物・性などの課題に対応，169-183，東洋館出版社，東
京，1999

15）前上里直，越山賢一，山田浩平：喫煙防止教育における情意形成過程に関する研
究．北海道教育大学紀要55：203-209，2005

16）文部科学省：いじめの問題に対する取組事例集．Available at：http://www.
mext.go.jp/a_menu/shotou/seitoshidou/1353423.htm　Accessed July 6, 2016

17）塚本琢也，田名場忍：いじめ場面における第三者の傍観・仲裁行動の発生・抑制
要因の探索的研究．弘前大学大学院教育学研究科心理臨床相談室紀要4：19-29，
2007

18）坂野雄二：人間行動とセルフ・エフィカシー．（坂野雄二，前田基成編）．セル
フ・エフィカシーの臨床心理学，2-11，北大路書房，京都，2002

第Ⅲ章　高等学校における
「いじめ防止授業」に関する検討

1．はじめに

　本章では，ヘルスプロモーションの理念に基づき，高校生がいじめを主体的に考え，いじめに対する望ましい意思決定・行動選択に貢献する「いじめ防止授業」を開発し，その成果を検証した．また，授業にはヘルスプロモーションの個人のスキルを高める[1]教育的支援に着目し，第Ⅰ章で明らかにした，いじめ場面で望ましい行動をとる「いじめ仲裁者役割行動」，「いじめ相談者役割行動」と関連する自己管理スキルを活用した．今までの研究においても，自己管理スキルと望ましい保健行動には関連がみられる[2,3]ため，自己管理スキルを活用することは，実際のいじめ場面においても望ましい行動がとれることが期待できるからである．

　一方，現代的ないじめは，いじめの役割行動がその場面ごとに流動し，さらに集団の影響を強く受ける[4]ことから，授業はいじめに関わる個々の役割行動に特化するのではなく，包括的な役割行動を取り上げた．加害者や被害者，傍観者，仲裁者という多様ないじめの役割行動をとる者が同時に参加するため，互いに違う立場の見方が理解でき，プログラムの効果がある[5]と考えられている．

　学校は，集団生活であるため友人同士のいざこざがトラブルに発展する場合がある．しかし，相手の意見や気持ちを考え，お互いに歩み寄れば問題は解決する．むしろこのような場面において社会的ルールの理解やコミュニケーション能力の発揮が求められ，その解決のプロセスにおいて人間的に成長する[6]．ところが，相手との問題を上手く解決できず，集団を巻き込んで相

手を言葉や暴力で傷つけ排除し，問題の解決を図ろうとする[7,8]．これは，いじめである．つまり，いじめとは人と人との間に生じた問題解決能力の乏しさが原因の一つにある[7]．

認知行動療法では，日常生活のなかで生じる問題を解決することを社会的問題解決[9]と定義している．そして問題解決の能力は，一つの統一した能力ではなく，問題の提起，問題の明確化，解決策の算出，解決策の選択，解決策の実行など段階がある一連のスキルである[10,11]とされている．今までの保健行動に関する研究では，問題解決に関わるスキルとして認知的スキル[11]が着目され，スキルの向上は望ましい意思決定・行動選択に貢献することが示唆されている[12,13]．本研究においては，第Ⅰ章で示したように，いじめに関する望ましい行動の仲裁者役割行動，相談者役割行動と認知的スキルである自己管理スキルとは関連が見られている．この自己管理スキル[12,13]には，「問題解決的に取り組むスキル」，「否定的思考をコントロールするスキル」，「即座の満足を先に先延ばしするスキル」の3つの因子が，因子分析により抽出されている．なかでも「問題解決的に取り組むスキル」は，結果を予測してから行動を選択するため，より良い意思決定・行動選択に貢献できる可能性がある．そのため，いじめ場面に遭遇した際，「問題解決的に取り組むスキル」を内部因子に持つ自己管理スキルが豊富な者ほど，いじめの悲惨な結果を予測し，見て見ぬふりをする傍観者行動を選択しない可能性が高まると考えられる．これらより，本研究のいじめ防止授業では，個人のスキルとして自己管理スキルを伸ばすねらいを導入した．

さらに第Ⅱ章で示したように，高校生のいじめは，いじめとからかいの境界線が曖昧で，周囲のものがどのような対応をしてよいのか分からない[14]．しかし，からかいの延長線でも，気づかぬうちに相手の心を深く傷つけ取り返しのつかない事件に発展する例[15]がある．そのため，自分の周囲に，いじめとは判別しにくいが相手を傷つける行為があることに気づかせ，いじめを防止することが必要である．

　よって，本章で開発するいじめ問題を主体的に考え，いじめに対する望ましい意思決定・行動選択に貢献する「いじめ防止授業」の目標は次の通りである．

・いじめの結果を予測し，いじめは集団的現象であるなど，いじめの構造が理解できる（知識・技能）．
・いじめの概念を明確にし，周囲に起こっている出来事が，いじめであるのかを深く考えようとする（主体的に学習に取り組む態度）．
・いじめを解決する行動が考えられ，望ましい行動を選べる（思考・判断・表現）．

　以上より，本章では，ヘルスプロモーションの理念に基づき，いじめを主体的に考え，いじめに対する望ましい意思決定・行動選択に貢献する「いじめ防止授業」を開発し，実践，評価を行う．

2．方法

1）授業及び調査の対象と方法

　調査の対象は，都市部の高校1校に在籍している1年生7クラス，277名（A組38名，B組40名，C組40名，D組41名，E組40名，F組39名，G組39名）である．授業は，A組，B組の合同（計78名），C組，D組の合同（計81名），E組，F組，G組の合同（計118名）に実施した．分析対象は，授業に参加し，事前，事後，5か月後の3回の質問紙調査に欠損値のない190名（男子99名，女子91名），全体の68.6％である．授業を行ったA組からD組までの生徒111名を授業群，授業群が授業を行っている期間に授業を受けていないE組からG組までの生徒79名を対照群とした．いじめ防止授業は，2015年10月〜11月までに実施し，調査は，事前調査として授業開始1週間前，事後調査として授業終了1週間後，追跡調査として授業終了5か月後に実施した．調査期間は2015

年10月〜2016年3月までである．なお，対照群に教育的な不利益を生じさせないため，授業群の事後調査終了後に授業を行っているため，追跡調査は授業群のみとなっている（図Ⅲ-1）．授業は，人間としての在り方生き方に関する新教科「人間と社会」[16]の時間を用いて2時間扱いで実施した．また，著者が所属する大学の学生が授業補助を行った．

　研究の実施にあたり，了徳寺大学倫理審査委員会（受付番号2618）における承認を得た．さらに，教職員や調査参加者には，調査の目的を口頭及び文書で説明し同意を得た．また調査への参加は自由であると説明し，調査票に

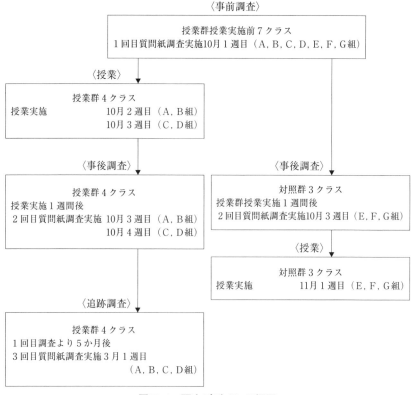

図Ⅲ-1　研究デザインの概要

は回答拒否を意思表示できる欄を設けた．匿名性を守るため，同じ番号シールが入っている5つの糊付け封筒を配布し，封筒に名前を記入してもらい封をして回収し，クラス担任が保管した．担任は実施ごとに，番号シールが入っている封筒を生徒に直接手渡した．生徒は，実施ごとに番号シールの入った封筒を受け取り，授業1週間前，授業1週間後，授業5か月後の調査の質問紙調査の用紙，授業中に使用したワークシート，授業5か月後の感想用紙に自分で番号シールを貼った．

　このように個人の名前を記名しないためプライバシーが保護され，さらに番号シールにより個人内の複数の調査結果を対応させた．

2）授業内容

⑴　授業の概要

　いじめはいじめ加害者が被害者を孤立させ，周囲を巻き込んでいじめを容認する学級風土をつくり，いじめを深刻化させていく集団的現象である．これを第Ⅱ章の「いじめ防止プロジェクト」の生徒が制作したDVD「いじめのない学校2」の物語を用いて理解させた．そして，教室のなかで行われている，ものを捨てる，悪口を言い合うなどの「悪ふざけ」や，携帯電話のグループラインから友人を外すなどの「仲間はずれ」，相手を道化者扱いをしてからかう「いじり」は，いじめなのか，いじめではないのか考えさせ，行っている側（加害者）は，いじめている意識がなくても，受ける側（被害者）に心の傷を負わせている可能性があるものは，「いじめ」であると定義した．「いじり」と「いじめ」の違いについては，「いじめ防止プロジェクト」の生徒が作成した「それって本当にいじり？いじりといじめ」のリーフレット（pp.118-121　資料1．2参照）を用いて説明した．

⑵　本授業の指導内容及び指導方法

　いじめを容認しない態度を養うため，いじめ防止の授業に自己管理スキル

を活用し，学校で起こるいじめの結果を予測させ，いじめは誰にとってもよい結果にならないことを示した．実際に，授業を行う際，高校生が現実の自分たちの問題をテーマにして話し合うのは気恥ずかしさもあり難しいと考えられているが，架空のケースを話し合う活動は比較的行い易いとされている[17]．そのため本授業では，「いじめ」をテーマに構造化された架空のケースを教材として使用した．具体的には，ケーススタディの中で起こる学級のいじめが，なぜ起こったのか，このいじめが続くといじめ被害者はどうなるのか，いじめ加害者はどうなるのか，そして学級はどうなるのか，など結果を予測させ，いじめがもたらす影響について考えさせる．生徒は，教室で起こる架空のいじめ問題を疑似体験しながら自由に発言するため，理屈ではなく，いじめを自分達の問題として深く考えていく．さらに，いじめ被害者は，このような結果になるような行動を本当にとったのかと振り返らせ，いじめ被害者に非がないと気付かせる．ケースをこのように考えさせる授業展開により，いじめは集団的現象である[18]と理解させていく．さらに自分がこのケースのなかの登場人物であったとしたら，いじめを解決するために自分には何ができるのか具体的に考えさせ，いじめを解決できる自己効力感を高めていく．

　次に身近にみられるケースを用いて，いじめの概念について理解させる．現代的ないじめの特徴は，いじめ加害者にいじめの意識が乏しく[19]，さらに，いじめといじめに類似する行為についての境界が分かりにくく，周囲のものが仲裁に入りにくい[14]とされている．そこで，教室でよくみられるいじめ類似行為である，お互いに悪口を言い合う，相手の物を捨てるなどの「悪ふざけ」，携帯のグループラインから友だちを外す「仲間はずれ」，相手を道化のように扱って笑いの対象とする「いじり[20]」を取り上げ，いじめか，いじめではないのかを考えさせる．いじめか，いじめではないのかの違いは，その行為に相互性があるかないか，相手の尊厳を傷つける行為であるかどうか[8]とした．そして相手が嫌だと言っていないからと表面だけで判断

するのではなく，内面も考えた行動が必要であると理解させた．

⑶　ケースの概要

　ケースは，次の通りである．1年A組は，とても明るいクラスで，「わたる」はクラスのムードメーカ的な存在である．体育の授業で，バスケットボールの試合を行うことになった．クラスの中で中心的な存在である「ゆうた」「ひろ」「かずき」「なおや」の4名のグループは，メンバーが一人足りないため，「わたる」をメンバーに加えた．「わたる」は，バスケットだけは下手だからとグループに入るのを断るが，「ゆうた」たちは，そんなことは気にしないからと言い，わたるをチームに迎える．しかし試合は，「わたる」がミスを連発し惨敗してしまう．試合が終わった直後，「わたる」が「試合に負けちゃったな，でも今日の俺，頑張ったから誉めろ」と発言したことに対して，「ゆうた」は，同じグループのメンバーに「あいつはうざい」と言い，さらに，クラスで交際している「りさ」にも「わたる」の悪口を言った．その話に憤慨した「りさ」は，同じ女子のグループに「わたるは，わざと試合に負けている」と誤った情報を流し，その噂が広まり「わたる」へのいじめがクラスで始まった．

⑷　授業実施における生徒への配慮

　プログラムを実施する際には，事前に学年の担任教諭，スクールカウンセラー，養護教諭と打ち合わせを行い，同じようないじめの事例が学級で起こっていないか確認した．同じような事例が起きている場合は事例を変える必要があったが，実施する対象校では大きな問題はなかったため準備した内容で実施した．授業は，著者が5時間目と6時間目の続きの2コマを用いて，授業群はA組とB組の2クラス合同，C組とD組の2クラス合同で実施した．対照群はE組，F組，G組の3クラス合同で実施した．担任教諭，副担任教諭も参加した．授業前には，授業で使用するワークシートに自分の番号シー

ルを貼るので匿名性が守られると説明し，ワークシート回収時にも記入している内容が他のものに分からないよう配慮した．指導案は，著者が研究協力校の教職員，スクールカウンセラーと検討し，修正を重ねて作成した．

(5)　授業の流れ

　著者が生徒に発問し，回答をワークシートに記入させた．そして発言は，挙手ではなく授業の補助を行う大学生がマイクを差し出して発言を促した．出された生徒の意見をホワイトボードや模造紙に記し，それらの意見をもとに授業を進めていった（授業の流れを表Ⅲ-1，2，スライドの一部を図Ⅲ-2〜17に示す）．導入部分で，「あなたにとって友だちとはどのような存在であるのか」と尋ねた．ほとんどの生徒が友だちについてポジティブに捉えている現状を確認した上で，いじめ加害者の8割は同じクラスの友人であることを示した（図Ⅲ-3）．そして始めは親しい友だちだったはずなのに，なぜいじめる・いじめられる関係になってしまったのか考えようと授業のねらいを説明した．

　展開1では，「いじめのない学校2」のDVDを視聴し，男子グループの「わたる」へのいじめが始まり次第に女子グループにも広まり，「わたる」がいじめに気づいて教室を飛び出した場面でDVDを止めた．そして，なぜ「わたるはいじめられるようになったのか」と問いかけた．数人の意見が出された後，わたるがバスケットに誘われた時何と言っていたのかと問いかけ，「バスケットだけは不得意である」と予め伝えていた事実を確認した．次に，このようないじめが，ずっと続いたらどうなるのか，「わたる」「男子グループ」「女子グループ」「楽しかったクラス」の4つの立場で結果を予測させた．その後，出された結果が妥当なものであるのか吟味した．これらを踏まえて，出された結果の原因となる行為を「わたるは本当にしたのか」と問いかけ，いじめ被害者に大きな非がないことに気づかせた．このように，いじめは，些細な出来事から起こり，いじめ被害者を苦しめ，被害者だけではなくクラ

表Ⅲ-1　「いじめのない学校」授業指導案

	学習活動 ＊発問　○教師の働きかけ　◆生徒の活動，反応	指導上の留意点
導入 5分	〈いじめ問題について関心を持つ〉	
	＊発問1　あなたにとって友だちとはどのような存在ですか	
	◆友だちとは何かについて考える ・大切な存在・なんでも言い合える存在 ○最初は気の合う友だちだったはずなのに，なぜいじめに発展してしまったのか，ケースを見て考えることを説明する	・いじめを受けた約8割がクラスの友達からいじめられたと回答したグラフを示す
展開1 45分	〈なぜいじめが発生するのかを考える〉 ◆「いじめのない学校2」DVDを観て，いじめがなぜ発生したのか考える	・いじめ加害者が被害者をいじめ始めるところまでのDVDを流す
	＊発問2　なぜこのようないじめが起こってしまったのか	
	◆いじめの発生した原因を考える わたるが調子に乗っている，自分のせいで負けたのに謝らない ○わたるがバスケットを誘われたときに何を言っていたか問いかける	・わたるがバスケットを誘われたときに何を言っていたのか思い出させる
	〈いじめが続くとどうなるかを考える〉	
	＊発問3　このような状態が，ずっと続いたらどのような結果になるだろうか？ ・わたるは？　男子グループは？　女子グループは？　楽しかったクラスは？	
	◆結果を予測する ・わたる―学校に行きづらくなり不登校になる ・男子グループ―いじめがエスカレートする，わたるが不登校になったら次のターゲットを見つけていじめる ・女子グループ―男子のいうことを信じてわたるを悪く言う ・クラス―いじめが蔓延する嫌なクラスになる	・結果を予測する際に，多くの視点から考えられるように支援する ・出された意見は妥当であるのかを吟味する
	〈被害者に大きな非がないことに気付く〉	
	＊発問4　わたるはこのような結果になるようなことをしたのか？	
	◆いじめが集団の力によって良くない方向に進むことに気付く ・していない―はじめにバスケットが下手だと言っていたから ・した―少しは良くないことをした	・いじめがクラス集団によって広がっていく様子に気づいた発言を支持する

○このようなクラスにいて楽しいかどうか問いかける

〈いじめはすべてにおいて悪い結果をもたらすことに気付く〉

◆いじめのあるクラスにいても楽しくないことに気付く

・このようなクラスにいても楽しくない

・次は自分がターゲットになると思ってしまう

〈いじめの解決策を考える〉

＊発問5　もしこのようなクラスでいじめをなくすとしたら何ができるだろうか？ ・男子は男子のグループ，女子は女子のグループにいたとしたら何ができるか考えよう	
◆多くの解決策を考える ・男子―積極的に話しかける，信頼できる先生に相談する ・女子―男子の話を鵜呑みにしない，悪口はやめようという ○「いじめのない学校2」DVD の続きを見せる ◆この物語の主人公たちの問題解決の仕方を知る	・クラスごとの模造紙に，何ができるのか意見を書いてもらう．いじめを解決するための多くの意見を支持する

表Ⅲ-2

展開2 45分	〈いじめの定義を再確認する〉	
	＊発問6　（事例1） 「ウザい」「キモイ」と言い合ってお互い笑っている．A男は自分の筆箱がごみ箱に捨てられているのに笑ってる．これってふざけか？　それともいじめか？	
	◆お互い言い合っている，笑っている，これはいじめなのか考える ・笑っているからふざけ ・お互いのりでやっているからふざけ ・筆箱を捨てた時点でいじめ ○30年前に起こった「お葬式ごっこ」のいじめの例を出し，笑っていたので周囲はいじめと認識していなかったが，笑うことでそれ以上のひどい仕打ちを受けない防御だったことが裁判で明らかにされたことを説明する	・ふざけあっている，相手は複数であること，笑っていること，筆箱が捨てられていることに注目させる．いじめ，いじめではない双方の意見を取り上げる
	＊発問7　（事例2） B子は，同じグループのC子が好きだという男子生徒と仲良くしていたところを同じグループのメンバーに見られてしまう．B子が気付かないうちに別のグループラインができB子が入っていたグループラインからメンバーが抜け，グループラインはB子一人だけになっていた．ライン外しはいじめか？　いじめではないか？	

◆仲間はずれは問題の解決になるのかを考える ・B子が空気読んでないから，仕方ない ・よくある話 ・仲間外れだからいじめ，だからしてはいけない ○同じグループで仲が良かった友達が突然いなくなる怖さを考えてほしいことを説明する．ライン外しは，いじめであることを確認する	・「新しいグループライン をつくっただけ」を言い 訳にした生徒がいたこと を示す．多くの意見を聴 いたうえで，いじめの定 義について再度説明する
＊発問8（事例3） D男は，同じクラスのE男，F男にものまねをやってほしいと言われ，やってみると周囲のクラスメイトはそれを見て笑う．断ってもやるまでしつこく言ってくる．これって仲間内のいじりか？　それともいじめか？	
◆いじりといじめの違いはなにか？ ・嫌だったら真剣に断ればいいのでいじめではない ・これぐらいは普通のことだからいじめではない ○いじりは主にお笑い芸人がやっていること，お笑い芸人と高校生の違いは何か考えさせる	・いじりといじめの差はな にか？　いじられている 生徒が，クラスの皆は （いじりの）流れに乗ろ うとするから，見ていて も止めることもできず一 緒に参加してしまう．周 囲の圧力で嫌だといえな い場合もあることを説明 する ・リーフレットを配布し， いじりといじめの違いに ついて説明する
まとめ 5分	〈本時で学んだことを自分の生活に生かそうとする〉 ◆結果を予測してから行動することを理解する ○いじめは加害者，被害者だけではなく，周囲のすべての者にとっても良い結果が得られないことを確認する ◆困っている人がいたら手を差し伸べることが大切であることを理解する ○相手の立場に立っておもいやることが，楽しい学校生活を送る上で重要なことである ○いじめは教室の良くない空気のようなもの，いじめのない学校をつくるためには，一人一人が何をできるのかを考えることが大切であると説明する	・いじめにあっていたり， いじめを見た時には，教 師やスクールカウンセラ ーに相談してほしいこと を押さえておく

授業で使用したスライドの一部

図Ⅲ-2

図Ⅲ-3

図Ⅲ-4

図Ⅲ-5

図Ⅲ-6

図Ⅲ-7

こころの声を聴いて
下さい。

図Ⅲ-8

同じグループの子の好きな男の子と
仲良くしていたら‥‥☆彡

図Ⅲ-9

知らないうちにグループラインから
はずされてしまった。(ﾟoﾟ)
これっていじめ？それとも？

図Ⅲ-10

いじめは解決方法に
なるのでしょうか？

図Ⅲ-11

いじられキャラの俺‥‥いつも、
ものまねで周りを楽しませている。(@_@;)

図Ⅲ-12

「もうできないよ‥‥(;O;)」
といっても「やって(T_T)」と言われる。
これって、いじり？それとも？

図Ⅲ-13

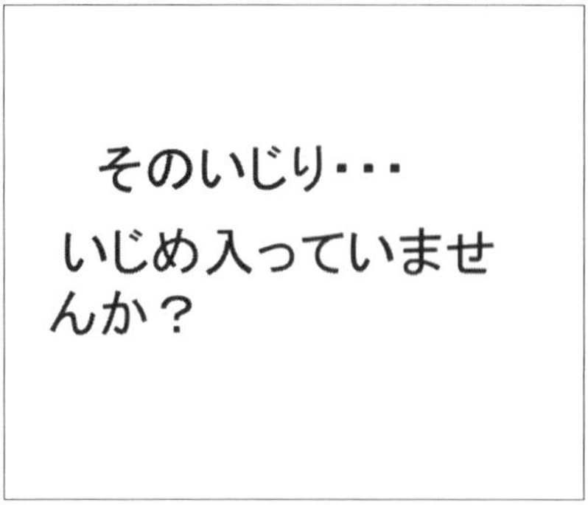

そのいじり・・・
いじめ入っていませ
んか？

図Ⅲ-14

いじめは空気のようなもの・・・
誰か教室の空気を換えてほしい・・・・

図Ⅲ-15

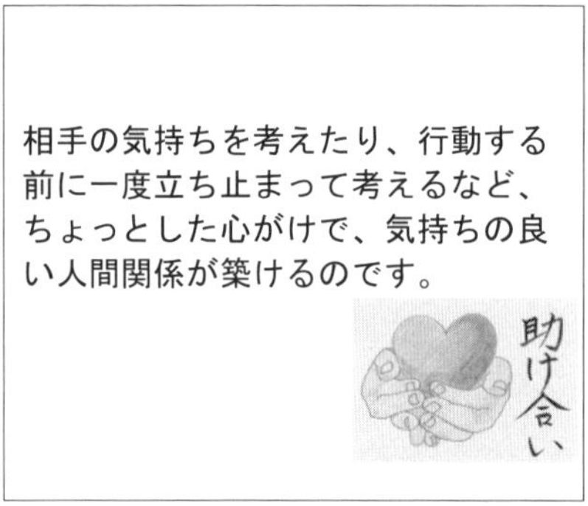

相手の気持ちを考えたり、行動する
前に一度立ち止まって考えるなど、
ちょっとした心がけで、気持ちの良
い人間関係が築けるのです。

図Ⅲ-16

いじめのない学校を目指して
できるところからやってみませんか？

図Ⅲ-17

スの雰囲気も悪くするなどの，いじめの構造を説明した上で，いじめをなく
すために何ができるのかを考えさせ模造紙に記させた．そして望ましい意見
を支持し，「いじめはクラスという集団のなかで始まる．しかしクラスの力
で解決できるものである」と伝えた．

　展開2では，いじめの概念を再確認した．事例1）悪口をお互いに言い合
う，相手の物を捨てるなどの「悪ふざけ」（図Ⅲ-6），事例2）携帯のグルー
プラインから相手を外す「仲間はずれ」（図Ⅲ-10），事例3）相手を道化のよ
うに扱って笑いの対象とする「いじり」（図Ⅲ-12）を取り上げ，いじめか，
いじめではないのかを考えさせた．スライドを用いて，説明し，数名に意見

を求めた．事例1については，30年前に起こった「お葬式ごっこ」[21]のいじめ自殺事件を取り上げ，その中でいじめ被害者がいじめられても笑っていた事実を示した．後の裁判で，被害者が笑っていたのは，これ以上のいじめを受けないよう防衛の手段であるとされ，いじめ被害者が笑っていても心の中では泣いているかもしれない，心の声を聴いてほしいことを伝えた．事例2では，いじめ加害者が，「今までのグループラインは，いらなくなったので，別のグループラインを作っただけ」と言ったライン外しの事例からいじめ加害者の加害意識の乏しさを示した．その後，いじめ被害者と同じ立場にたったとしたら，どう思うのか，いじめは問題解決になるのかを考えさせた．事例3では，「いじめられキャラ」の事例を示した．いじめ加害者が「いじり」と称して行っていたことに授業者が「それはいじめである」と指摘した所，行っていた生徒は，「いじりはいじめではない，いじりがいじめだったらお笑い芸人は皆いじめをしていることになる．」と言い訳をした．この発言を取り上げ，お笑い芸人が行う「いじり」と高校生が行う「いじり」の違いを考えさせ，相手の人権を傷つける行為は，行っている本人には遊びでも，その行為はいじめであることに気づかせた．

　最後にいじめは，教室の悪い空気のようなものであり，一人一人何ができるのかを考えるべきである．いじめを受けているものは一人で悩みを抱えず友人や教員，スクールカウンセラーに相談してほしいと伝えた．

(6)　分析方法

　授業の評価については，第Ⅰ章で用いた高校生のいじめの役割行動といじめに関わる心理社会的要因との関連の研究で用いた尺度と同じ尺度で行った．いじめの役割行動については，「悪口やからかいなど嫌なことをいう」（言葉のいじめ），「遊ぶふりをして，たたく，蹴る」（身体的いじめ），「仲間外れ，無視する」（精神的いじめ）の3種類のいじめを取り上げ，それぞれについて加害者経験，傍観者経験，被害者経験，仲裁者経験，相談者経験の5領域で

計15項目を設定し，それぞれの役割行動ごとの合計得点を算出した．いじめに関わる心理社会的要因については，いじめ容認態度，攻撃性，共感性，自己管理スキル，ストレス反応，いじめを止める自己効力感，ソーシャル・サポートについて尺度を用いて測定した．

　授業の効果については，授業群と対照群の授業実施前後の変化を検討した．分析は，一般線型モデルの反復測定を行い交互作用があるものを検討した．また，授業群の実施前，実施後，5か月後の追跡調査の変化を一般線型モデルの反復測定で検討した．

　自由記述は，著者が内容をカテゴリー化した後，他の2名の研究者が確認し，意見が一致しなかったものは再検討した．自由記述の分析は，記述された内容をコード化し，カテゴリーへとまとめ上げた．「あなたの身近にいじめが起こったとしたら，何ができると思うのか」についての自由記述は，事前調査，事後調査，追跡調査のカテゴリーのコード数を χ^2 検定で検討した．統計解析には SPSS for Windows Ver. 22.0 を用いた．

3．結果

1）授業群の授業の様子

　授業は，著者が授業者となり，生徒との発言をもとに進める参加型授業であった．生徒の発言により授業を進めていったため，どの生徒も緊張感を持ちながら，また友人の発言に興味を示し授業を受けていた．そして，いじめのない学校2のDVDの視聴時は，私語もせず真剣に見入っていた．授業の導入の「あなたにとって友だちとはどういう存在か？」との問いかけには，ほとんどの生徒が「大切な存在」「宝物」「一緒にして楽しい存在」などとポジティブな意見を示していた．しかし，いじめの調査で加害者の約8割が同じクラスのものであるとのスライドを示した時には，皆驚いている様子であった．

　展開1で行ったケーススタディで，「なぜ，いじめが始まってしまったの

か」との発問に対しては，「自分のせいで試合に負けたのに謝らず，誉めろと言ったから」「空気が読めなかったから」と多くの生徒が，「わたる」の言動に問題があると発言していた．しかし，「わたるは，ゆうたのチームに誘われた時，何と言っていたか」と問いかけると，すぐに「自分はバスケットだけは下手だと言っていた」との声が上がり，わたるだけが悪い訳ではないと理解されていた．そして，この状態が続くとどうなるのか，「わたる」「男子グループ」「女子グループ」「クラス」のそれぞれの場合で分けて，結果を予測させた場面では，「わたるは，学校に来づらくなる」「男子グループのいじめはエスカレートする」「女子グループもわたるを避け始める」「クラスの雰囲気は悪くなる」など，妥当な予測が出された．その後，「このような結果になるような行動をわたるは本当にとっていたのか」と問いかけると，殆どの生徒が「していない」との妥当な発言をしていた．そして，いじめを止める対応策では，「男子グループにいたら，いじめを止める」，「女子グループにいたら，男子の話を鵜呑みにしないで，自分たちで確かめ積極的に話しかける」などいじめを解決する方向での意見が出されていた．

　その一方で，授業の開始から数名の落ち着かない男子生徒のいるクラスでは，結果を予測する発言が求められた時，差し出されたマイクを勝手にグループ内で回し始め，「わたるは，茶髪になり，酒を飲み，不良になって学校に来なくなる」，「男子グループは，いじめにより団結する」，「女子グループも団結する」，「クラスもまとまる」とふざけた雰囲気で発言した場面があった．一瞬，教室内がざわついたが，著者が「いじめによって学校に来られない生徒がいるなかで，クラスはまとまるのだろうか？　団結とはこのようなときに使う言葉なのか？　文化祭や体育祭，クラスの皆が頑張って一つのことに力を出した時，団結という言葉を使うのではないか？」と問いかけると教室内は静かになり，その後，その男子生徒たちの不適切な発言もなくなった．そして，いじめへの対応についても真剣に話し合い，「男子のグループにいたら，わたるに話しかける」「ゆうたに，もう無視は止めようと言う」

「わたるを休みの日に釣りに誘う」など，それぞれがいじめを解決する妥当な意見を示していた．

展開2のいじめの定義を考えるところでは，事例1の場面において，ほとんどの男子生徒が，「ウザい」「死ね」などお互いに言っており，筆箱を捨てられているが笑っているので，これはいじめではないと発言していた．やられている相手が笑っているのでいじめではないとの発言に対して，著者が30年前に起こった「お葬式ごっこ」のいじめの経緯を示した．「30年前のある日，いつも同級生からからかいの対象とされていた中学2年生の男子生徒が教室に入ると，自分への別れの言葉が記された色紙が机の上に置かれていた．しかし，受け取った男子生徒はそれを見て笑っていた．実は，この男子生徒は，クラスの周囲の者には気づかれなかったが，いじめ加害グループに陰でひどいいじめを受けていた．結局，その数か月後，『このままじゃ生き地獄になる』との遺書を残して亡くなってしまった．後の裁判で，いじめ被害者である男子生徒が笑っていたのは，これ以上ひどいいじめを受けないための防衛だったとの見解がされた」と説明した．どの生徒も真剣に耳を傾け「笑っているかもしれないが，こころの中では泣いているかもしれない．こころの声を聴いていってください」とのメッセージを多くの生徒が深く受け止めていた．

事例2の場面において，女子生徒から「日常的によくある出来事なので仕方がない」との発言があった．そこで「女子生徒C子は，同じグループラインにいたB子とトラブルになり，別のグループラインを作った．B子だけ新しいグループラインに入れなかったが，C子は，古いグループラインを，たまたま使わなくなっただけと言っていた」との実際にあったライン外しの事例を示し，自分の周りから友だちが離れていった事実に気づいたB子がどのような気持ちになったか考えてほしいと訴えた．そして，「一定の人間関係のあるものが，心理的又は物理的な影響を与える行為であり，対象となった生徒が心身の苦痛を感じているものは『いじめ』である」とのいじめの定義

を示し，ライン外しはいじめであることを確認した．「いじめは問題解決に
なるのか」と尋ねると多くの生徒が「問題解決には，ならない」と答えてい
た．

　事例3の場面の，いじられキャラを扱った事例では，殆どの生徒が「いじ
り」は「いじめ」ではないと発言していた．そこで，実際にあった次の例を
示した．「クラスの中心的な存在であった男子生徒E男は，一人の男子生徒
D男にいつもちょっかいを出していた．D男が授業中ウトウトと居眠りを始
めると，E男はクラスの皆に黙っているようジェスチャーで示しD男の頭を
上から叩く，驚いたD男はびっくりして起き上がる．その様子をクラスの皆
が笑っている」というものである．この状況に対して著者がE男に「これは
いじめである」と注意したところ，E男は，「クラスの皆が喜んでいるので，
これは『いじり』であって『いじめ』ではない，『いじり』が『いじめ』だ
ったらお笑い芸人は，すべていじめをしていることになる」と言ってきた．
このやり取りを例に挙げ，「お笑い芸人と高校生の『いじり』は，同じか？
違うとしたら何が違うのか？」と問いかけた．すると生徒からは，「お笑い
芸人は仕事で行っているので，シナリオもあるし手加減もしている」「お笑
い芸人はいじられてお金をもらっている」との発言が出され，高校生が一方
的に誰かに「いじられる」のは，笑い芸人と同じではないことを確認した．
その上で，「いじり」と「いじめ」との違いを明確にする必要があることを
伝え，リーフレット（pp. 118-121　資料1．2．参照）を用いて，行っている
側は「いじり」と思っていても，一方的に行われ，相手が嫌な感情をもつ行
動は「いじめ」であると説明した．最後に，D男が著者に「自分は，いじら
れキャラである．クラスの皆は，その流れに乗ろうとするから，いじられて
いても誰も止めてくれない，それは仕方がないことだと思う」と言っていた
ことを伝えた．そして「D男のような気持ちでいる生徒もみなさんの周りに
いるはずです．自分たちの周りで行われている『いじり』に『いじめ』の要
素が入っていないか，考えてほしい」と伝えた．その言葉に数名の生徒が深

くうなずいていた．授業のまとめとして，「いじめは教室の悪い空気のようなものである．自分が行った行為がどのような結果になるのか考えてほしい．そして一人一人がいじめをなくために何をできるのか考えて行動してもらいたい．」と伝え，授業を終えた．

2）授業後の感想

　授業に参加したすべての生徒が，授業後の感想をワークシートに記していた．感想記述の件数を表Ⅲ-3に示す．記述で最も多かったものは，「どのような理由があってもいじめは絶対にしてはいけない」「じぶんたちがやっていた行動は『いじり』ではなく『いじめ』だったかもしれないので気を付ける」「いじめについての再認識ができた．ささいなことからいじめになり，そして加害者側はその自覚がほとんどない．『いじめ』だと認定するのは，加害者の判断ではなく被害者の判断だと思う」などのいじめに対して理解が深まり認識が改まった記述であった．さらに，いじめへの対応として「いじめを見て見ぬふりをするのではなく，自分でできるところからやろうと思った」など，いじめ防止への支援行動を積極的に行うとの記述や「何をするに

表Ⅲ-3　授業後の感想記述

		男子（件）	女子（件）	全体（件）
いじめに対する理解の深まり	いじめは絶対にしてはいけない	14	19	33
	いじりといじめについて考える	11	11	22
	いじめのことが良くわかった	14	6	20
	いじめはなくならない	2	1	3
いじめへの対応	いじめを見たら止める	10	6	16
	相手の気持ちを考えて行動する	8	5	13
	いじめをしないよう気を付ける	7	5	12
	いじめを見て見ぬふりをしない	2	6	8
いじめのない環境づくり	いじめが起きない環境をつくる	7	4	11

も相手のことを考えて行動や発言しなければいけないと思った」など，相手の気持ちを考える記述，「友だち又は自分が間違えた行動を取っていると思ったら，すぐに止めようと言うか，自分で止めようと思った」など，いじめ加害者行動を改めるとの記述もあった．その一方で，「実際にいじめがあったときに，今日学んだことを全員ができるのかと言われたらほぼ無理だと思った．そもそも今日出たような意見を全員が持っていたらいじめ自体ないのではないかと感じた．それでも自分の身近にいじめがあれば，自分のできることをやっていきたい」，との記述もあった．授業全般の感想として，「映像が分かりやすかった，DVD を制作した先輩がすごいと思った．」「参加型授業だったからすごく楽しかったし，内容も入ってきやすかった」「他の人の意見を聴くことが出来て良かった．勉強になった」「いじめについてよく分かった」との記述があった．

3）調査の結果

⑴　授業群と対照群の授業後の変化について

　授業 1 週間前における高校生のいじめに関わる心理社会的要因といじめ役割についての男女別の結果は表Ⅲ-4 の通りである．いじめに関わる心理社会的要因である，いじめ容認態度，攻撃性，共感性，自己管理スキル，ストレス反応，いじめを止める自己効力感，ソーシャル・サポート，いじめ役割行動である，いじめ加害者役割行動，いじめ傍観者役割行動，いじめ被害者役割行動，いじめ仲裁者役割行動，いじめ相談者役割行動の得点について，対応のない 2 群の t 検定を行った．性差がみられ，男子が女子に比べ有意に高かった項目は，いじめ容認態度（$p<0.05$），であり，女子が男子に比べ有意に高かった項目は，攻撃性（$p<0.05$），共感性（$p<0.01$），ストレス反応（$p<0.01$）であった．また，授業群対照群別の結果は表Ⅲ-5 の通りであり，それぞれの得点について，対応のない 2 群の t 検定を行った結果，対照群は，授業群に比べ，いじめ傍観者役割行動（$p<0.05$）が有意に高かった．

表Ⅲ-4　男女別，いじめに関わる心理社会的要因といじめ役割について，対応のない t 検定

		全体 (*n* = 190)	男子 (*n* = 99)	女子 (*n* = 91)	群間差 *p* 値
心理的要因	いじめ容認態度	38.2　(7.8)	39.4　(8.0)	37.0　(7.3)	0.03*
	攻撃性	17.3　(4.7)	16.7　(4.6)	18.0　(4.7)	0.05*
	共感性	19.2　(3.8)	18.4　(3.9)	20.0　(3.5)	0.01**
	自己管理スキル	25.0　(4.4)	25.1　(4.5)	24.9　(4.4)	0.81
	ストレス反応	20.5　(13.1)	18.2　(12.2)	22.9　(13.6)	0.01**
	いじめを止める 自己効力感	10.8　(2.9)	10.7　(2.9)	10.9　(3.0)	0.58
社会的要因	ソーシャル・ サポート	8.5　(2.1)	8.4　(2.4)	8.5　(1.9)	0.66
いじめ役割	加害者役割	4.4　(1.9)	4.6　(2.0)	4.2　(1.7)	0.14
	傍観者役割	4.3　(1.8)	4.4　(2.0)	4.1　(1.6)	0.24
	被害者役割	4.2　(1.9)	4.4　(2.1)	4.0　(1.6)	0.14
	仲裁者役割	3.5　(1.3)	3.6　(1.4)	3.4　(1.2)	0.38
	相談者役割	3.7　(1.3)	3.6　(1.4)	3.8　(1.2)	0.22

** : $p < 0.01$, * : $p < 0.05$

表Ⅲ-5　授業群対照群別，いじめに関わる心理社会的要因といじめ役割について，対応のない t 検定

		全体 (*n* = 190)	授業群 (*n* = 111)	対照群 (*n* = 79)	群間差 *p* 値
心理的要因	いじめ容認態度	38.2　(7.8)	38.2　(8.2)	38.3　(7.2)	0.88
	攻撃性	17.3　(4.7)	17.1　(4.6)	17.7　(4.8)	0.32
	共感性	19.2　(3.8)	19.3　(3.6)	18.9　(4.0)	0.53
	自己管理スキル	25.0　(4.4)	25.4　(4.6)	24.5　(4.2)	0.15
	ストレス反応	20.5　(13.1)	20.2　(13.6)	20.9　(12.2)	0.71
	いじめを止める 自己効力感	10.8　(2.9)	10.9　(3.1)	10.6　(2.7)	0.51
社会的要因	ソーシャル・ サポート	8.5　(2.1)	8.3　(2.1)	8.7　(2.1)	0.27
いじめ役割	加害者役割	4.4　(1.9)	4.3　(2.0)	4.6　(1.7)	0.27
	傍観者役割	4.3　(1.8)	4.0　(1.8)	4.6　(1.8)	0.04*
	被害者役割	4.2　(1.9)	4.1　(1.9)	4.5　(1.9)	0.13
	仲裁者役割	3.5　(1.3)	3.5　(1.4)	3.6　(1.1)	0.78
	相談者役割	3.7　(1.3)	3.6　(1.4)	3.8　(1.2)	0.30

* : $p < 0.05$

表Ⅲ-6　授業群と対照群のいじめに関わる心理社会的要因といじめ役割の変化，一般線型モデル　反復測定による分散分析

		授業群（$n=111$）		対照群（$n=79$）		F値　検定結果		
		授業1週間前	授業1週間後	授業1週間前	授業1週間後	授業1週間前・授業1週間後	授業群・対照群	交互作用
心理的要因	いじめ容認態度	38.2 (8.2)	34.4 (8.8)	38.3 (7.2)	38.2 (8.6)	31.70***	2.80	25.8***
	攻撃性	17.1 (4.6)	17.0 (4.2)	17.7 (4.8)	17.5 (5.0)	0.32	0.82	0.20
	共感性	19.3 (3.6)	19.5 (3.5)	18.9 (4.0)	19.1 (3.7)	1.28	0.51	0.02
	自己管理スキル	25.4 (4.6)	25.6 (4.9)	24.5 (4.2)	24.3 (4.2)	0.01	3.23	0.63
	ストレス反応	20.2(13.6)	17.0(13.1)	20.9(12.2)	20.6(12.6)	6.16*	1.42	4.11*
	いじめを止める自己効力感	10.9 (3.1)	11.0 (2.9)	10.6 (2.7)	11.7 (2.4)	12.64***	0.32	8.37***
社会的要因	ソーシャル・サポート	8.3 (2.1)	8.8 (2.1)	8.7 (2.1)	8.9 (1.9)	9.69**	0.68	0.93
いじめ役割	加害者役割	4.3 (2.0)	3.8 (1.6)	4.6 (1.7)	4.2 (1.5)	10.59**	2.04	0.003
	傍観者役割	4.0 (1.8)	3.7 (1.2)	4.6 (1.8)	4.1 (1.6)	11.61***	6.05*	0.19
	被害者役割	4.1 (1.9)	3.7 (1.4)	4.5 (1.9)	4.2 (1.6)	6.40*	4.10*	0.02
	仲裁者役割	3.5 (1.4)	3.4 (1.2)	3.6 (1.1)	3.5 (1.2)	0.47	0.30	0.09
	相談者役割	3.6 (1.4)	3.4 (0.9)	3.8 (1.2)	3.7 (1.3)	3.01	3.27	0.74

*：$p<0.05$，**：$p<0.01$，***：$p<0.001$

　いじめ防止授業の効果を検討するため，授業前後の授業群と対照群について一般線型モデル反復測定を行い，交互作用を検討した．表Ⅲ-6に示すように有意な交互作用が見られたものは，いじめ容認態度，ストレス反応，いじめを止める自己効力感であった．いじめ容認態度で交互作用が有意であったため〔$F(1, 188)=25.8$　$p<0.001$〕，単純主効果の検定を行ったところ，授業群のいじめ容認態度の得点が授業後に減少し，対照群に変化がなかった．ストレス反応で交互作用が有意であったため〔$F(1, 188)=4.11$　$p<0.05$〕，単純主効果の検定を行ったところ，授業群のストレス反応の得点が授業後に減少し，対照群に変化がなかった．いじめを止める自己効力感で交互作用が有意であったため〔$F(1, 188)=8.37$　$p<0.001$〕，単純主効果の検定を行ったところ，対照群のいじめを止める自己効力感の得点が授業後に増加し，授業群に変化がなかった．自己管理スキルは，有意な交互作用が見られなかった

〔F(1, 188)=0.63 *ns*〕. これは，いじめ防止授業実施後には，授業群は対照群に比べ，いじめを容認する態度が減り，ストレス反応の減少があった，対象群は授業群の授業後にいじめを止める自己効力感が向上した，自己管理スキルは授業前後で変化がなかったという結果を示している. また，交互作用では有意性がなかったが，授業群，対照群ともに，授業後に，ソーシャル・サポート〔F(1, 188)=9.69 *p*<0.01〕が有意に増加し，いじめ加害者役割行動〔F(1, 188)=10.59 *p*<0.01〕，いじめ傍観者役割行動〔F(1, 188)=11.61 *p*<0.001〕，いじめ被害者役割行動〔F(1, 188)=6.40 *p*<0.05〕が有意に減少していた.

さらに，「もしあなたの身近にいじめが起こったとしたら，何ができると思うのか」についての自由記述の結果を表Ⅲ-7に示した. 授業群の授業前に最も多かったのは，「いじめを阻止する」23.4%，次いで，「いじめ被害者の相談にのる」13.5%，「いじめの事実を他者に相談する」12.6%，「いじめに対して無力感」11.7%であった. 授業後に最も多かったのは，「いじめを阻止する」27.9%，「いじめ被害者の相談にのる」18.9%，「いじめの事実を他者に相談する」15.3%「記述なし」13.5%であった. さらに，「親しくなければ傍観する」4.5%が0%に変化し「いじめに対して無力感」11.7%が6.3%に変化していた，いじめ被害者に関わらない行動が減り，いじめ被害者を助ける行動，いじめ被害者を支える行動が増えていた. 授業群の授業前後のカテゴリーのコード数の比をχ^2検定で検討した結果，有意な差がみられた（χ^2=115.7, df=72, *p*<0.001）.

対照群の授業前で最も多かったのは，「いじめ被害者の相談にのる」22.8%，次いで「いじめを阻止する」16.5%，「いじめ被害者の力になる」11.4%，「記述なし」11.4%であった. 授業群の授業後に最も多かったのは，「いじめ被害者の相談にのる」20.3%，次いで「いじめを阻止する」17.7%，「いじめに対して無力感」11.4%，「記述なし」11.4%であった. 対照群の授業前後のカテゴリーのコード数の比をχ^2検定で検討した結果，有意な差は

表Ⅲ-7　身近にいじめが起こったら何ができると思うのかについての自由記述

カテゴリー	サブカテゴリー	代表的なコード	授業群 (n=111)					対照群 (n=79)				
			授業群の授業1週間前		授業群の授業1週間後		検定結果	授業群の授業1週間前		授業群の授業1週間後		検定結果
			人	%	人	%	χ²値	人	%	人	%	χ²値
いじめ被害者を助ける行動	いじめを阻止する	いじめている子に注意する	26	23.4	31	27.9		13	16.5	14	17.7	
	いじめ加害者との仲を取り持つ	いじめっ子の意見も聞いて仲良くさせる	9	8.1	7	6.3		3	3.8	5	6.3	
いじめ被害者を支える行動	いじめ被害者の相談にのる	話しかけて,相談にのる	15	13.5	21	18.9		18	22.8	16	20.3	
	いじめの事実を他者に相談する	先生や友だちにいじめの事実を言う	14	12.6	17	15.3		4	5.1	7	8.9	
	いじめ被害者の力になる	一緒にいて,いじめられている子の力になる	10	9.0	8	7.2	115.7*** (df=72)[1]	9	11.4	8	10.1	100.2 (df=81)
いじめ被害者に関わらない行動	親しくなければ傍観する	よほど仲が良くない限り関わらない	5	4.5	0	0.0		4	5.1	1	1.3	
	いじめを傍観する	見て見ぬふりをして立ち去る	2	1.8	1	0.9		4	5.1	4	5.1	
	いじめに対して無力感	何ができるかわからない,何もできない	13	11.7	7	6.3		8	10.1	9	11.4	
	意見はあるが行動を示さず	いじめは起こるもの	6	5.4	4	3.6		7	8.9	6	7.6	
		記述なし	11	9.9	15	13.5		9	11.4	9	11.4	

***：$p < 0.001$
[1] 授業群の授業後の「親しくなければ傍観する」のカテゴリーが減少したため，対照群と自由度が異なる

見られなかった.

(2)　授業群の授業前，授業1週間後，授業5か月の変化について

　授業群の授業前，授業1週間後，授業5か月後の変化を一般線型モデルの

表Ⅲ-8 授業群の, 授業前, 授業 1 週間後, 5 か月後の, いじめに関わる心理社会的
要因といじめ役割の変化, 一般線型モデル 反復測定による分散分析

		①授業前	②授業 1 週間後	③ 5 か月後	F 値 検定結果	Bonferroni に よる多重比較
心理的要因	いじめ容認態度	38.2 (8.2)	34.4 (8.8)	37.6 (8.5)	36.17***	①>② ②<③
	攻撃性	17.1 (4.6)	17.0 (4.2)	17.1 (4.5)	0.67	
	共感性	19.3 (3.6)	19.5 (3.6)	18.8 (3.5)	5.25***	②>③
	自己管理スキル	25.4 (4.6)	25.6 (4.9)	25.3 (5.0)	0.56	
	ストレス反応	20.2 (13.6)	17.0 (13.1)	17.9 (12.9)	6.95***	①>②
	いじめを止める 自己効力感	10.9 (3.1)	11.0 (2.9)	11.3 (2.8)	0.77	
社会的要因	ソーシャル・ サポート	8.3 (2.1)	8.8 (2.1)	8.6 (2.0)	4.88**	①<②
いじめ役割	加害者役割	4.3 (2.0)	3.8 (1.6)	4.1 (1.9)	3.32*	①>②
	傍観者役割	4.0 (1.8)	3.7 (1.2)	4.0 (1.8)	3.20*	①>② ②<③
	被害者役割	4.1 (1.9)	3.7 (1.4)	4.0 (1.7)	2.56	
	仲裁者役割	3.5 (1.4)	3.4 (1.2)	3.5 (1.2)	0.36	
	相談者役割	3.5 (1.4)	3.4 (0.9)	3.5 (1.3)	2.42	

* : $p<0.05$, *** : $p<0.001$

反復測定による分散分析にて検討し, その後 Bonferroni による多重比較を
行った. 結果を表Ⅲ-8 に示した. その結果, いじめ容認態度に有意な差が
見られ〔$F(2, 220)=36.17$ $p<0.001$〕, 授業前から授業後に下がったが, 5
か月後には授業前と差がなかった. 共感性に有意な差が見られ〔$F(2, 220)$
$=5.25$ $p<0.001$〕, 授業後から 5 か月後に下がっていた. ストレス反応に有
意な差が見られ〔$F(2, 220)=6.95$ $p<0.001$〕, 授業後に下がっていたが, 5
か月後には授業前と差がなかった. ソーシャル・サポートに有意な差が見ら
れ〔$F(2, 220)=4.88$ $p<0.01$〕, 授業後に上がっていたが 5 か月後には授業
前と差がなかった. いじめ役割行動では, いじめ加害者役割行動に有意な差
が見られ〔$F(2, 220)=3.32$ $p<0.05$〕, 授業前から授業後に下がったが, 5
か月後には授業前と差がなかった. さらに, いじめ傍観者役割行動に有意な
差が見られ〔$F(2, 220)=3.20$ $p<0.05$〕, 授業後に下がったが 5 か月後には
授業前と差がなかった. 自己管理スキルは, 授業後も授業 5 か月後も授業前
と差がなかった. 有意な差がみられたものは, 心理的要因では, いじめ容認

態度，共感性，ストレス反応，社会的要因であるソーシャル・サポート，いじめ役割行動では，加害者役割行動，傍観者役割行動であった．

　これらより，いじめ防止授業後には，いじめを容認する態度の得点，ストレス反応が下がり，ソーシャル・サポートが上がり，いじめ加害者役割行動，いじめ傍観者役割行動が下がっていた．さらに5か月後には，共感性が授業後より下がっていたとの結果が示された．

　よって多くのいじめに関わる心理社会的要因といじめ役割行動は，授業後には変化がみられたものの，授業5か月後には授業前と差が見られない結果が示された．

　あなたの身近にいじめが起こったとしたら，何ができると思うかについての授業5か月後の自由記述の結果を表Ⅲ-9に示した．授業群の授業前に最も多かったのは，「いじめを阻止する」23.4％，次いで，「いじめ被害者の相談にのる」13.5％，「いじめの事実を他者に相談する」12.6％，「いじめに対して無力感」11.7％であった．授業5か月後に最も多かったのは，「記述なし」26.1％，「いじめを阻止する」23.4％，「いじめの事実を他者に相談する」14.4％「いじめ被害者の相談にのる」13.5％，であり，どのような行動がとれるのか記述のないものが増えていた．授業群の授業前と授業5か月後のカテゴリーのコード数の比をχ^2検定で検討した結果，有意な差がみられていた（$\chi^2=113.6$，$df=63$，$p<0.001$）．

　またすべての調査が終了した5か月後に，「いじめ防止の授業」を受けてから，変わった点，こころがけた点はないかについての自由記述のアンケートを実施したところ，最も多かったのは，「特にない」37％，次いで「いじめをしない」18％，「いじめについて考える」15％，「周囲のことを気にかける」13％，「相手のことを考える」8％，「いじめを止めようと思う」6％「いじめが少なくなった」3％であった（表Ⅲ-10）．

表Ⅲ-9 身近にいじめが起こったら何ができると思うのかについての授業群の自由記述

カテゴリー	サブカテゴリー	代表的なコード	授業群の授業1週間前		授業群の授業1週間後		検定結果	授業群の授業1週間前		授業群の授業5か月後		検定結果
			人	%	人	%	χ²値	人	%	人	%	χ²値
いじめ被害者を助ける行動	いじめを阻止する	いじめている子に注意する	26	23.4	31	27.9		26	23.4	26	23.4	
	いじめ加害者との仲を取り持つ	いじめっ子の意見も聞いて仲良くさせる	9	8.1	7	6.3		9	8.1	5	4.5	
いじめ被害者を支える行動	いじめ被害者の相談にのる	話しかけて，相談にのる	15	13.5	21	18.9		15	13.5	15	13.5	
	いじめの事実を他者に相談する	先生や友だちにいじめの事実を言う	14	12.6	17	15.3		14	12.6	16	14.4	
	いじめ被害者の力になる	一緒にいて，いじめられている子の力になる	10	9.0	8	7.2	115.7*** (df=72)[1]	10	9.0	7	6.3	113.6*** (df=63)[2]
いじめ被害者に関わらない行動	親しくなければ傍観する	よほど仲が良くない限り関わらない	5	4.5	0	0.0		5	4.5	0	0.0	
	いじめを傍観する	見て見ぬふりをして立ち去る	2	1.8	1	0.9		2	1.8	0	0.0	
	いじめに対して無力感	何ができるかわからない，何もできない	13	11.7	7	6.3		13	11.7	8	7.2	
	意見はあるが行動を示さず	いじめは起こるもの	6	5.4	4	3.6		6	5.4	5	4.5	
記述なし	記述なし		11	9.9	15	13.5		11	9.9	29	26.1	

授業群（n＝111）

***：p＜0.001
1) 授業1週間後の「親しくなければ傍観する」のカテゴリーが減ったため自由度が変わった
2) 授業5か月後の「親しくなければ傍観する」「いじめを傍観する」のカテゴリーが減ったため自由度が変わった

表Ⅲ-10　いじめ防止の授業を受けてから，こころがけるようになったこと

カテゴリー	代表的なコード	男子 $n=59$ （人）	女子 $n=52$ （人）	全体 $n=111$ （人）	（%）
いじめについて考える	いじめは何の解決にもならないと思った．／少しのからかいでも相手がいじめと思ったらそれはいじめだと思えるようになった．	10	7	17	15
相手のことを考える	これをいったら相手はどう思うのか考えるようになった．／考えてから言葉にするようになった	3	6	9	8
周囲のことを気にかける	悩んでいる人はいないか，一人の人はいないか気に掛けるようになった．／誰かが一人でいたら話しかけるようにした．	5	9	14	13
いじめを止めようと思う	見て見ぬふりをしないで止めようと思うようになった．／いじめを見たらやめさせようと思った．	4	3	7	6
いじめをしない	冗談でもたたいたりするのは嫌な人もいると思うので，止めようと思った．／人の悪口をいわないようにした．	9	11	20	18
いじめが少なくなった	前より変なからかいが減った．／いじめが少なくなった．	3	0	3	3
特になし	とくになし	25	16	41	37

4．考察

1）本指導法の有効性

　いじめを防止するためには，いじめを自分たちの問題であると主体的に考え，いじめに対する望ましい意思決定・行動選択を行えることが重要である．そこで，本章では，ヘルスプロモーションの理念に基づき，個人のスキルを高め，いじめに対する望ましい意思決定・行動選択に貢献する「いじめ防止授業」を開発し，実践，評価を行った．本授業の目標として，いじめの結果

を予測でき，いじめは加害者によって引き起こされる集団的な現象であるといじめの構造を理解できること，いじめの概念を明確にし，周囲に起こっている出来事が，いじめであるのかを判断できること，そして，いじめ場面で望ましい行動を考えられることである．

　まず，主観的指標として授業後の感想記述，「身近にいじめを見た時に何ができると思うか」についての自由記述，授業中の生徒の様子から目標に達成できたのかを評価した．多くの者が授業後の感想記述に，「いじめは些細なできごとから始まり，広がっていくことに気づいた」とのいじめの構造や，「いじりやいじめの違いが分かった」とのいじめの概念への理解の深まりが示されていた．そして，「いじめを見たら止めたい」「自分がいじりだと思っていた行動がいじめだと気づいたので気を付ける」「いじめのない環境を作る必要がある」と個人個人が，自分にできる，あるいは，自分がしなければならない行動や態度について記していた．また授業1週間後に実施した質問紙調査の「自分の身近にいじめを見たら何ができるのか」についての自由記述においても，授業前に多かった「何をしてよいのか分からない」「よほど親しくない限り関わらない」など積極的に関わりたくないとの回答が減り，「いじめに気づいたら止める」「相談にのる」など積極的に関わる回答が増えていた．そのことより，授業後にはいじめを主体的に考え，いじめに対して望ましい行動をとるなどの考えが深まった様子が窺えた．

　本研究では，いじめ問題を自分たちの問題として捉えさせるため指導方法にケーススタディ・事例検討という形をとった．ケーススタディのねらいは，起こった問題を当事者の立場に立って解決していく過程を通じて，分析力，判断力，洞察力，意思決定力を高め，類似の問題や状況における問題の解決に対する応用力の育成である[22,23]．また，多くのものと共同してケーススタディを進めることで，ものの見方や考え方について，自己の特徴や他者の特徴を認識し，グループ討議の過程を通じて相互に啓発しあい，ものの見方や考え方をさらに広く深くする[23]とされている．本授業の終了後には，多

くの生徒がいじめの構造や概念を理解し，自分のとれるいじめ防止の行動を
積極的に取りたいと表明していた．本授業においてもケーススタディの活用
により，他者の多くの規範に触れ，いじめに関する見方や考え方の幅を広げ
させられたことが，いじめを主体的に考えられ，いじめに対する望ましい意
思決定・行動選択に貢献できたと考えられる．

　さらに本研究において，このケーススタディの有効性をさらに高めた要因
が2点ある．1点目は，ケーススタディのケースを生徒の実態に即したもの
にした点である．本授業のケーススタディで用いたDVDの物語は，研究協
力校のいじめ防止プロジェクトの生徒が脚本を描き出演したものであり，事
例も著者が実際に学校で起きた出来事を取り上げている．いじめ問題の当事
者である生徒が考えた「いじめ」のケースでもあり，事例は，実際に研究協
力校で起こっていた「いじめ」であったため，授業に参加した生徒の心が揺
さぶられ学習への意欲を高めたといえる．それは，DVD上映の際，誰も私
語をせず見入っていた様子や，授業中の発問に，殆どの生徒が自分なりの意
見をしっかりと発言していた様子からも窺える．

　2点目は，いじめの構造を理解させ，生徒のいじめの概念を変えさせるた
めに授業展開や発問を工夫した点である．齊藤[24]は，児童生徒の今までの
概念を破る授業を「展開のある授業」と規定し，次のように説明している．
「授業に，そういう変化が起こり，流動が起こり，爆発がおこるというには，
その授業が絶えず矛盾をつくりだし，衝突・葛藤を起こすことによって，矛
盾を克服しているからである（中略）教材と教師と子どもの間に矛盾が起こ
り，対立とか衝突・葛藤とかが起こり，それを越えることによって，教師も
子どもも新しいものを発見し，創造し，新しい次元へ移行していく（中略）
そういう質の授業だけを『展開のある授業』と言わなければならない.」本
授業では，授業者と生徒の間に対立，衝突，矛盾を経て，生徒のいじめに対
する概念を変えさせる仕掛けを施した．まず授業の導入部分で，展開への布
石として「あなたにとって友達とはどのような存在であるのか」と質問した．

「友達は大切な存在である」と多くの者が述べた後に，いじめの8割が親しい友人同士で起きている事実を示し，「最初は親しい友人であったはずなのに，なぜいじめ関係になったのか考えよう」と授業のねらいを明確にした．この導入により，なぜいじめは起こるのかと考える動機づけとなった．次いで，展開1において，いじめの結果を予測させ，吟味した後で，いじめ被害者は，バスケットチームに誘われた時，何といっていたのか振り返らせ，「いじめ被害者は，このような結果になるような行動を本当にとったのか」と発問した．この発問により，生徒は自分たちが予測したいじめの結果になるような行動や態度を，いじめ被害者は取っていないと気づいた．その結果，いじめはいじめ被害者に大きな非がなくとも，集団のなかで深刻化していく現象であると理解させることができた．このように思考や内部矛盾を引き出す「発問」を行うことで，いじめの構造を体感的に理解させ，さらに，いじめに対して自分には何ができるのかと真摯に考えさせることができたといえる．また，展開2においても，「悪ふざけ」「ライン外し」「いじり」などの身近にある出来事が，いじめかそうでないのか，一問一答の形で，著者と生徒と対峙することで，生徒のいじめに対する概念がゆさぶられ，いじめは行う側の理論では計り知れない，いじめを受ける側に立って考えることが重要であると理解させることができた．

　次に客観的指標として，いじめに関わる心理社会的要因といじめ役割行動の授業による効果を検討した．授業前後の授業群と対照群との交互作用で有意差がみられたのは，いじめ容認態度，ストレス反応，いじめを止める自己効力感であった．授業群は授業により，いじめを容認する態度が改まり，ストレス反応が低減された．また，授業を行わない対照群の方が，いじめを止める自己効力感が高まったという結果が示された．さらに，交互作用で有意差がみられなかったが，授業群，対照群ともに授業前後でソーシャル・サポートが高まり，いじめ加害者役割行動，いじめ傍観者役割行動，いじめ被害者役割行動は低減していた．これらより，本授業は，いじめを容認しない態

度の形成やストレスの低減に有効であることが示され，授業のねらいは達成されていた．第Ⅰ章で明らかにされたすべてのいじめ役割行動とストレス反応とが関連を示していた結果から，本授業により少なくともいじめ加害行為が減少した時点で，周囲のストレス状態は低減されたと考えられた．

しかしその一方で，授業を受けていない対照群の方が，授業群の授業後に授業群に比べいじめを止める自己効力感が高まり，いじめ加害者役割行動，いじめ傍観者役割行動，いじめ被害者役割行動も授業群と同じように低減されていた．その理由は次のように考えられる．いじめについての質問紙調査は，いじめ経験を尋ねているため，それまで，いじめと意識していなかった行為をいじめであると認識し，いじめ抑止の方向に作用した．一方で，いじめに対して仲裁者行動をとったかについての質問には，授業を受けて実際に行動に移すのは容易ではないと考えた授業群には変化がなく，対照群の方が，調査によっていじめを意識し，自分ならいじめを止められると考えたことが推察される．

また，授業群の授業前，授業1週間後，授業5か月後の推移から，いじめ防止授業の効果の持続を検討したところ，実施5か月後にはいじめに関わる心理社会的要因やいじめ役割行動が授業1週間前と同じ結果に戻っていた．

これらより，本研究で開発した「いじめ防止授業」は，授業直後には，いじめを容認しない態度を形成し，ストレス反応を低減させ，いじめ加害者，いじめ傍観者役割行動を減らす結果からいじめ抑止に貢献する可能性が示された．しかし5か月後には，授業前とほぼ同じ状態に戻った結果から，授業の効果を維持させられなかったことが示された．これは，授業直後にいじめを助ける記述が増えたものの授業5か月後には，ほぼ授業前と同じ状態に戻っていた結果からも継続への困難性が窺えた．しかし，授業5か月後にいじめ防止の授業を受けてから変わったこと，こころがけたことに対して，6割の生徒がいじめに対して真剣に考え，周囲を気に掛けるようになったとの回答から，授業後もいじめについて自分の問題として主体的に考え，行動しよ

うとしている様子が窺えた.

２）いじめ防止行動と自己管理スキルとの関連

　本授業は，ヘルスプロモーションの理念に基づき，いじめ問題に対して主
体的に考え，いじめに対する望ましい意思決定・行動選択に貢献し，個人の
スキルの向上をねらいとして開発した授業である．個人のスキルとして，い
じめに関する望ましい行動であるいじめ仲裁者役割行動，いじめ相談者役割
行動と関連のみられた自己管理スキルに着目し，自己管理スキルを高めるね
らいで授業を実施した．しかし，自己管理スキルは，授業前，授業１週間後，
授業５か月後と変化が見られなかった．また，自己管理スキルと関連のある
いじめ仲裁者役割行動，いじめ相談者役割行動の得点も，授業後に向上しな
かった．著者は，今までの研究で，性に関わる授業[12]，精神の健康に関わ
る授業[13]で，授業後に自己管理スキルを向上させ，望ましい行動に向かう
意思決定・行動選択に貢献した結果を示している．今回の授業も，同じよう
に，いじめ防止に関わるいじめ仲裁者役割行動を増やすために自己管理スキ
ルを活用したが，結果としてスキルもいじめに関わる望ましい役割行動であ
る仲裁者役割行動，相談者役割行動も変化が見られなかった．その理由とし
て以下の点が挙げられる.

　自己管理スキルは，自己が望む行動に関して関与するスキルであるため，
多くのものが自分自身の課題と考える行動に関連する．先に述べたように性
に関わる分野や精神の健康に関わる分野における行動は，すべての生徒が，
それらの問題に直面しどのような行動をとればよいのかなど悩む問題である.
そのため授業では，性や精神の健康に関わる問題を生徒一人一人が自分のこ
ととして捉え，スキルを身に着けた[12,13]と推測される．しかし本授業でね
らいとした，いじめに関する望ましい行動，特に仲裁者役割行動は，多くの
生徒に切実に自分のこととして捉えられる行動ではなかった可能性がある.
安藤[25]が，中学生の問題行動を防止する授業を開発する際，中学生にいじ

め防止のために何ができるのかとのインタビュー調査を行った所，自分だけ
はいじめ行為に参加しない，自分がいじめを受けないように気を付けるとの
語りは多かった．しかし，積極的にいじめを仲裁するとの意見は聞かれなか
ったとされている．これらより，高校１年生にとっても，いじめ仲裁者行動
は，自分が切実にとらなければならない行動として捉えられていなかったと
考えられる．そのためスキルを活用した授業を実施したが，いじめ仲裁者役
割行動の増加やスキルの向上までには至らなかったと推察される．また，性
に関わる授業[12]は，週１回，５時間扱い，精神の健康の授業[13]は週１回，
４時間扱いと長い期間で繰り返しスキルの向上をねらいとして行っていた．
今回のように１日２時間，しかも１回だけの授業では，スキルの獲得は困難
であった．

　本研究では，研究対象校は第Ⅱ章と同じ高校であったが，著者が大学教員
となったため，研究協力校の養護教諭から，外部講師へと立場が変わった．
そのため研究の対象となった生徒も，著者とは関わりのない生徒であった．
その点では，今まで実施した授業における介入研究とは異なる部分もある．
調査研究では，研究者の立場が，研究するフィールドの外部の者であるのか，
内部の者であるのかの立場の違いは，それぞれ有利な点も不利な点もあ
る[26]と指摘されている．本研究のように外部の者としての授業の実施は，
生徒との人間関係ができていない点で不利であった．しかしその一方で，第
Ⅱ章のように，研究成果にプラスのバイアスが掛かる可能性は少ない．その
ため授業の効果をより客観的に示すことができた．

3）今後の課題

　以上より，本研究で開発した，いじめ防止の授業後の記述には，多くの生
徒がいじめの構造やいじめについての概念を深め，自分がしなければならな
い行動や態度を記していた．このことより，いじめ問題を他人事ではなく，
自分たちの問題であると捉えさせることができた．また，授業後にいじめを

容認する態度を改めさせ，ストレスを低減させ，いじめ加害者役割行動，いじめ傍観者役割行動を低減させたことから，いじめに対する望ましい意思決定・行動選択に貢献し，いじめ抑止に働きかけることができた．さらに5か月後にも，いじめについて自分なりに考えたいと回答していることから，いじめ問題を主体的に考えさせることには有効であった．しかし，その一方で，いじめを容認する態度や，ストレス反応，いじめに関わる役割行動が授業前の状態に戻っていることから，その効果の維持には課題が残された．今後は，いじめ問題をさらに自分たちの問題として考えられるよう，いじめ防止授業をクラス単位で行うことや，グループワークを取り入れるなど，指導内容，指導方法，授業形態を検討していく必要がある．

注

1）ローレンス W. グリーン，マーシャル W. クロイター：企画のフレームワーク．（神馬征峰訳）．実践　ヘルスプロモーション PRECEDE-PROCEED モデルによる企画と評価，1-29，医学書院，東京，2005

2）高橋浩之，中村正和，木下朋子ほか：自己管理スキル尺度の開発と信頼性・妥当性の検討．日本公衆衛生雑誌47：907-914，2000

3）竹鼻ゆかり，高橋浩之：2型糖尿病患者の自己管理行動と認知的スキルとの関連についての検討．日本公衆衛生雑誌49：1159-1168，2002

4）児童生徒の問題行動等に関する調査研究協力者会議：児童生徒のいじめ等に関するアンケート調査結果．（文部科学省教育課程課編）．中等教育資料，63-255，ぎょうせい，東京，1996

5）朝倉隆司：中学生におけるいじめに関わる役割行動と敵意的攻撃性，共感性との関連性．日本学校保健研究46：67-84，2004

6）中間玲子：青年期の自己形成における友人関係の意義．兵庫教育大学研究紀要44：9-21，2014

7）栗原慎二：これだけは押さえておきたい！いじめ理解・いじめ対応の基礎基本．（栗原慎二編）．いじめ防止6時間プログラム　いじめ加害者を出さない指導，7-30，ほんの森出版，東京，2013

8）中井久夫：いじめとは何か．仏教，16-23，法藏館，京都，1996

9 ）アーサー・M・ネズ，クリスティン・M・ネズ，マイケル・G・ペリ：問題解決，
　　社会的コンピテンスと精神保健．（高山巌監訳）．うつ病の問題解決療法，37-57，
　　岩崎学術出版社，東京，1993

10）杉浦知子：問題と目的．ストレスを低減する認知的スキルの研究，1-21，風間書
　　房，東京，2007

11）神宮英夫：コグニティヴ・スキルとは何か．スキルの認知心理学．7-23，川島書
　　店，東京，1993

12）佐久間浩美，高橋浩之，山口知子：認知的スキルを育成する性教育指導法の実践
　　と評価－性教育における自己管理スキルの活用－．学校保健研究48：508-520，
　　2007

13）佐久間浩美，高橋浩之，竹鼻ゆかりほか：認知的スキルを育成する高等学校保健
　　学習「精神の健康」の実践と評価．学校保健研究54：307-315，2012

14）佐久間浩美，朝倉隆司：プリシード・プロシードモデルを活用した「いじめ防止
　　プロジェクト」の実践と評価．日本健康教育学会誌24：217-230，2016

15）産経ニュース：名門・暁星高で生徒が切りつけ「からかわれてカッとなった」
　　Available at：https://www.sankei.com/affairs/news/161018/afr1610180005-n1.html

16）東京都教育庁：人間としての在り方生き方に関する新教科「人間と社会（仮称）」
　　について．Available at：http://www.metro.tokyo.jp/INET/OSHIRASE/2015/02/
　　20p2c600.htm　Accessed October 22, 2016

17）野津有司：これからの健康教育と授業展開．学校保健のひろば17：12-15，2000

18）森田洋司，清永賢二：いじめ，いじめられ－教室では，いま－．いじめ－教室の
　　病い－，20-78，金子書房，東京，1986

19）森田洋司：私事化社会と市民性教育．いじめとは何か　教室の問題，社会の問題，
　　143-175，中央公論新社，東京，2010

20）木堂椎：りはめより100倍恐ろしい，3-199，角川書店，東京，2006

21）豊田充：いじめはなぜ防げないのか－「葬式ごっこ」から二十一年．1-260，朝
　　日新聞社，東京，2007

22）ロバート K. イン：序論．（近藤公彦訳）．新装版ケーススタディの方法，1-25，
　　千倉書房，東京，1996

23）田上哲：学校教育実践の事例研究に関する一考察－抽出児の機能に焦点を当てて
　　－．香川大学教育実践総合研究13：23-32，2006

24）田村誠：授業案づくりと授業の展開．（森昭三，和唐正勝編）．新版　保健の授業
　　づくり入門，158-171，大修館書店，東京，1987

25）安藤美華代：中学生における問題行動を予防するための心理教育的プログラム．中学生における問題行動の要因と心理教育的介入，217-311，風間書房，東京，2007

26）小西尚之：教師が学校を研究するということ－研究者と実践者の二重の役割に注目して－．北陸大学紀要37：207-216，2014

終　章

1．本研究のまとめ

　本研究の目的は，ヘルスプロモーションの理念に基づき高校生が主体的に
いじめ問題を考え，いじめに対する望ましい意思決定・行動選択に貢献する
「いじめ防止教育」を検討することである．そのため，高校生のいじめ役割
行動に影響を与えるいじめに関わる心理社会的要因を明らかにし，高校生が
主体的に取り組む「いじめのない学校環境づくり」を検討することや，いじ
めについて主体的に考える「いじめ防止授業」を開発し，実践，評価を行っ
た．

　第Ⅰ章では高校生のいじめ役割行動と，いじめに関わる心理社会的要因に
ついての関連性を検討した．その理由として，ヘルスプロモーションに基づ
くいじめ防止教育の実践において，いじめの要因を明らかにすることは，い
じめ防止教育を計画立案する際に用いるプリシード・プロシードモデルの
「診断」部分をより明確にすると考えられるからである．

　その結果，いじめに対して望ましくない，いじめ加害者役割行動は，いじ
めを容認し，攻撃性が高い者ほど多く行なっていた．また，見て見ぬふりを
していじめを助長するいじめ傍観者役割行動は，いじめを容認し，いじめを
止める自己効力感が低い者ほど行なっていた．さらに，いじめに対して望ま
しい，いじめ仲裁者役割行動は，攻撃性，自己管理スキル，いじめを止める
自己効力感，ソーシャル・サポートが高い者ほど行い，いじめ相談者役割行
動は共感性，自己管理スキル，ソーシャル・サポートが高い者ほど行ってい
た．またいじめ被害者役割行動を含む，いじめに関わるすべての役割行動は，
ストレス反応が高い者ほど行っていた．これらより，いじめを防止するため

には，いじめ加害，傍観者役割行動と関連を持つ，いじめを容認する態度を改めさせ，いじめ仲裁，相談者役割行動と関連を持つ，自己管理スキルを高めさせ，いじめ場面において適切な行動をとれるようにすることが示された．そして学校においては，これらの要因を鑑み，いじめに対して主体的に考え，いじめに対する望ましい意思決定・行動選択に貢献する教育活動として，ヘルスプロモーションの理念に基づく「いじめのない学校環境づくり」と「いじめ防止教育」の実施が有用であると考えられた．

　第Ⅱ章では，ヘルスプロモーションの理念に基づく「いじめのない学校環境づくり」として，研究協力校の高校生が主体的に行った「いじめ防止プロジェクト」の活動を評価した．具体的には，いじめ問題の渦中にいる高校生がプリシード・プロシードモデルを用いて，いじめの要因を分析し活動した「いじめ防止プロジェクト」のプロセス評価とアウトカム評価から，その有効性を検討した．高校生が考えるいじめの要因は，高校生の間に起こっている「いじめ」は，からかいの範疇にある「いじり」と区別がつきにくく，周囲のものがいじめに関心を持たずいじめ被害者を助ける行動をとらない実態が示された．そこで，いじめ防止集会，文化祭発表で，いじめは仲間によって解決できるとのメッセージを伝え，友人関係で悩んでいる生徒にピアカウンセリングを実施するなどを通して，全校生徒にいじめ防止を訴えた．プロセス評価としては，高校生が考えたいじめ防止集会や文化祭発表は，高校生の実態に沿ったものとなり，参加した生徒や地域の方々から肯定的に受け止められていた．しかし，ピアカウンセリングを受けた生徒は少なく，相談しやすい環境の整備が課題となった．アウトカム評価として，プロジェクト前後のいじめについての自由記述では，プロジェクト実施前に多かった，「いじめは，教員が対処すべき」との受動的な態度が減り，プロジェクト実施1年後には，「いじめを見たら注意し解決に導きたい」との能動的な態度を示す生徒が増えていた．さらに，いじめ加害者役割行動，傍観者役割行動，相談者役割行動が減り，いじめ低減に効果があった．これらより，高校生が主

体となり実践する「いじめ防止プロジェクト」は，生徒のいじめに対する意識や行動に影響を与え，いじめ防止に有効に働く可能性が示された．しかし，いじめを容認しない態度や他のいじめに関わる心理社会的要因は，プロジェクトの前後で差がみられなかったため，いじめを容認しない学校風土を醸成するまでには至らなかった．そのため，いじめを主体的に考え，いじめに対する望ましい意思決定・行動選択に貢献する「いじめ防止授業」の開発が必要であった．

　第Ⅲ章では，ヘルスプロモーションの理念に基づき，いじめを主体的に考え，いじめに対する望ましい意思決定・行動選択に貢献する「いじめ防止授業」を開発し，その成果を検証した．また，授業にはヘルスプロモーションの個人のスキルを高める教育的支援に着目し，第１章で明らかにした，いじめ場面で望ましい行動をとるいじめ仲裁者役割行動，いじめ相談者役割行動と関連する自己管理スキルを活用した．本授業の目標は，いじめの構造や，いじめの概念を明確にさせ，いじめに関する望ましい意思決定・行動選択に貢献することである．研究は，いじめ防止授業を実施する授業群と，授業群の授業を実施している間は授業を実施しない対照群に分けた準実験研究で行った．その結果，授業群は授業１週間後に，対照群に比べいじめを容認する態度の得点とストレス反応の得点が有意に減少していた．またいじめを止める自己効力感は，対照群の方が有意に向上していた．いじめ役割行動に関しては，授業群のいじめ加害者役割行動，傍観者役割行動，被害者役割行動が授業１週間後に減少していた．

　しかし授業を行っていない対照群も同様にいじめ加害者役割行動，傍観者役割行動，被害者役割行動が減少していた．さらに，追跡調査として実施した授業群の授業５か月後の調査では，いじめ加害者役割行動，傍観者役割行動は，授業前の状態に戻り，いじめに関わる心理社会的要因も，授業前と同じ状態に戻っていた．その結果，本研究で開発したいじめ防止授業は，授業後に，いじめを容認する態度を改めさせ，ストレス反応，いじめ加害者役割

行動，いじめ傍観者役割行動，いじめ被害者役割行動を減少させることで，いじめ抑止に貢献する結果を示した．しかし追跡調査として実施した5か月後に，元の状態に戻ってしまったことから，授業で得られた効果を維持することへの困難性が明らかになった．また，ヘルスプロモーションの考えを取り入れ，個人のスキルを高め，いじめに対して望ましい行動を取れるねらいとして，自己管理スキルを授業に活用したが，授業群の生徒の自己管理スキルは向上せず，いじめに関する望ましい行動も増えていなかった．スキルの獲得ができなかった理由は，1回の授業ではスキルの獲得が困難である可能性があったことや，いじめに対する支援行動が増えなかった理由は，いじめに対する支援行動は，大切だと理解はされていても，自分が切実にとらなければならない行動として捉えられていなかったことが推察された．

　以上より，生徒を主体とした「いじめのない学校環境づくり」では，いじめ場面で積極的に関わりたいとの生徒の意識を高め，実際のいじめ加害，傍観，被害，相談の役割行動を減らしたことにより，いじめ抑止に効果が得られた．さらに，「いじめ防止授業」では，授業後に，いじめに対して自分なりに考えていきたいと記述するものが増えたことや，いじめを容認する態度が改まりストレス反応が低下し，いじめ加害者，いじめ傍観者，いじめ被害者の役割行動が減少したことにより，いじめを自分たちの問題として主体的に考え，いじめに関わる望ましい意思決定・行動選択に貢献できた．しかし追跡調査の結果から，授業の効果を維持する困難性も示された．

　よって，高等学校におけるいじめ防止教育は，生徒が主体となり学校全体の取り組みとして行うことが有効であり，いじめ防止授業については，継続的に実施する必要があることが示唆された．

2．本研究の課題

　本研究の課題として，第Ⅰ章，第Ⅱ章においては，著者は研究協力校の養護教諭として勤務し，第Ⅲ章においては，同じ研究協力校に外部講師の立場

で授業を行うなど，異なった立場で研究した影響が挙げられる．つまり，学校の内部の者としてフィールドワークを行う，外部の者として介入研究を行うなど，立場の違いは少なからず研究結果に影響を与えた可能性がある．具体的には，第Ⅱ章では，生徒保健委員会がいじめ防止プロジェクトを立ち上げ，1年間に渡っていじめ防止活動を行ったが，著者が養護教諭として勤務しており，職務として常にいじめ防止のメッセージを出し続けた状況が，教職員や生徒に影響を与え，研究成果に良い影響を与えていた可能性もある．また第Ⅲ章の外部講師として行ったいじめ防止授業は，生徒との良好な人間関係のない中で授業を行う厳しさや，その成果を持続できない結果が示されている．

　教師が勤務する学校をフィールドとして研究する問題点について，小西は，学校内部の者が研究を行うことは，現地の知を知る上で有利であるが，距離を置いて客観的に状況を見ることが難しいため，外部の者や，批判的に見ることのできる内部の者と協力して研究を行うことが必要である[1]と指摘している．また，外部であれ，内部であれ，それぞれに有利な点と不利な点があることを示唆している．これらより，本研究においても学校の内部の者として研究する際には，フィールドワーク時に外部の研究者と協力する必要があった．また，学校の内部，外部，どちらの立場でも統一した立場で研究を行えば，一貫した研究成果を示すことができた．それぞれの研究時期に著者の立場が違っている点や，研究にプラスのバイアスが掛かっていた可能性がある点が本研究の課題である．

　また，本研究では，ヘルスプロモーションの理念に基づくいじめ防止の教育活動として，「いじめのない学校環境づくり」と「いじめ防止授業」を実践し，評価している．しかし本来，ヘルスプロモーション活動は，支援的な環境づくりと教育的なアプローチの両方を同時に行うものである．さらに，学校におけるヘルスプロモーション活動は，学校を中核として地域社会や家庭との連携のもとに包括的にすすめる総合的な健康づくり[2,3,4]とされてい

る．本研究においては，環境づくりと健康教育を同時に行えず，家庭や地域，専門機関を巻き込んだ包括的なプログラムには至っていなかった点が不十分であった．著者の立場が，研究時期によって異なっていても，ヘルスプロモーション活動における環境づくりと教育的なアプローチの両面を同時に行うことは重要であった．よって，これらの点が，本研究における限界であると考える．

本研究の限界を踏まえたうえで，意義を2点挙げる．1点目は，第Ⅰ章で示したように高校生のいじめを役割行動であると捉え，いじめを容認する態度がいじめ加害に影響を与えること，さらに，自己管理スキルの豊富さはいじめ防止を支援する行動に影響を与える可能性があること[5]を明らかにした点である．今までのいじめ役割行動といじめに関わる心理社会的要因では，いじめについて加害者，被害者などの限られた役割行動といじめに関わる心理社会的要因との検討[6,7,8]であった．しかし本研究では，生徒が実際に多くとるいじめ役割行動といじめに関わる心理社会的要因を検討したため，いじめ役割行動に与える要因の特徴がより鮮明になった．

2点目は，いじめ防止の教育活動をヘルスプロモーションの視点で行い，第Ⅱ章の「いじめのない学校環境づくり」では，生徒主体で行う取り組みの有用性を示し[9]，第Ⅲ章の「いじめ防止授業」では，いじめの抑止に効果があったことを示すことのできた点である．生徒主体で行った活動を1年間追跡した実践や，いじめを主体的に考え，いじめに対する望ましい意思決定・行動選択に貢献する「いじめ防止授業」の実践など，学校の教育活動の実践を研究的に分析したものは多くはない．よって，これらの研究成果は，今後のいじめ防止の実践研究においても役立つものと考える．

3．今後の展望

今後，本研究のヘルスプロモーションの理念に基づく，いじめを主体的に考え，いじめに対する望ましい意思決定・行動選択に貢献するいじめ防止の

ための教育活動について改良すべき点を述べる．まず，「いじめ防止プロジェクト」の活動に，地域の小・中学校の児童・生徒や教職員，教育委員会や保健所などの専門機関との連携を取り入れ，いじめ防止の活動の幅を広げていく．例えば，「いじめ防止プロジェクト」のメンバーで小学校，中学校を訪れ，いじめに悩んでいる児童・生徒に対して，年上の立場でアドバイスする．また作成したいじめ防止のリーフレットやDVDを他の学校でも活用してもらえるよう教育委員会や地域に働きかけるなどである．このような活動を通していじめ防止プロジェクトの活動が地域に広がり，それが学校の取り組みとなれば，全校生徒のいじめ防止の意識も高められる．

　次いで，いじめ防止の授業においても，生徒自身がいじめについて深く考えられる授業となるよう教師と生徒が共に知恵を出し合い，授業づくりを行っていく．具体的には「いじめ防止プロジェクト」の一環として，教師とプロジェクトのメンバーで授業をつくり，どのようにいじめ防止授業を進めていけばよいのを検討する．生徒一人一人が，いじめを自分のこととして捉え易いように，ケーススタディだけではなく，過去に自分の身近にあったいじめの出来事をグループで話し合うなど，個人の意見を出しやすい学習形態や内容に変えていく．このような取り組みを通じて高校生のいじめの実態や本音に迫れる授業が創造できるのではないかと考える．さらに個人のスキルを向上させる授業開発を続けていく必要がある．そして最も留意する点として，これらのいじめのない学校環境づくりといじめ防止授業を同時に行うことである．

　以上のように，ヘルスプロモーションの理念に基づき，高校生がいじめを主体的に考え，いじめに対する望ましい意思決定・行動選択に貢献する「いじめ防止教育」を，研究者，教師，生徒，学校だけではなく，家庭や地域，専門機関の方々を巻き込んで行うことで，いじめのない学級，いじめのない学校，いじめのない地域へと，いじめ防止の活動が広がると考える．今後は，児童・生徒の命を守るいじめ防止のヘルスプロモーション活動を，より多く

の教育実践者や研究者が，研究の視点で創造し，いじめのない学校を目指した「いじめ防止教育」の実践や研究が行われることが期待される．

注

1）小西尚之：教師が学校を研究するということ―研究者と実践者の二重の役割に注目して―．北陸大学紀要37：207-216，2014

2）衛藤久美，中西明美，武見ゆかり：多職種連携による食育（第12回）地域と学校が連携した食育―埼玉県坂戸市における全小・中学校「食育プログラム」の開発と実施―．保健の科学56：273-278，2014

3）山田響子，岡田加奈子：香港のヘルス・プロモーティング・スクールの現状―学校，教員，児童・生徒，家庭・地域への包括的アプローチ―．日本教育保健学会年報22：39-48，2014

4）岡田加奈子：学校と保護者が協働した子どもたちの食育へのアプローチ，ヘルスプロモーションの視点から．家庭フォーラム20：20-27，2009

5）佐久間浩美，朝倉隆司：いじめを容認する態度といじめに関わる役割行動に関する検討．学校保健研究58：131-144，2016

6）岡安孝弘，高山巌：中学校におけるいじめ被害者および加害者の心理的ストレス．教育心理学研究48：410-421，2000

7）市井桃子，永浦拡，飯尾有未ほか：いじめ加害行動とストレスおよび同調傾性との関連．発達心理臨床研究18：65-74，2012

8）菱田一哉，川畑徹朗，宋昇勲ほか：いじめの影響とレジリエンシー，ソーシャル・サポート，ライフスキルとの関係―新潟市内の中学校における質問紙調査の結果より―．学校保健研究53：107-126，2011

9）佐久間浩美，朝倉隆司：プリシード・プロシードモデルを活用した「いじめ防止プロジェクト」の実践と評価．日本健康教育学会誌24：217-230，2016

あ と が き

　本書は，2017年3月に東京学芸大学大学院連合学校教育学研究科（博士課程）に提出した学位論文を加筆修正したものです．

　私がこの研究テーマに取り組むきっかけは，養護教諭として高等学校に務めていた時の出来事でした．体育の授業中，ある男子生徒が準備体操をしていた時，隣にいた友人に叩かれ，多量に鼻血が出るけがをして，一人で保健室に来た事がありました．手当をしながら彼の話を聞くと，「叩いた相手が幼いから仕方ない．ふざけていたのだと思う．別にいじめではない」と言います．次の休み時間には，同じグループの生徒が笑いながら保健室に来て，私が「何があったのか」と尋ねても「ふざけていただけ」と言い訳を繰り返すだけでした．そこで，その生徒たちに「これは，ふざけの範疇ではない，暴力だ」と言った所，「いじっていただけ，ふざけていただけだ！」と声を荒げ，保健室から出ていってしまいました．結局，学年の先生方に相談し，叩いた生徒を生徒指導の対象としましたが，後で，周りの生徒から，このようなことは日常茶飯事であると言われました．このことから，高等学校には，小学校，中学校のような分かり易い「いじめ」は少ないが，いじめに類似する行為が，多くあるのではないかと考えるようになりました．そこで，高校生のいじめを研究テーマとして，東京学芸大学大学院連合学校教育学研究科（博士課程）に進学し，指導教員の朝倉隆司先生のもとで，ご指導を頂きながら，研究を博士論文としてまとめました．

　本書は，高校生のいじめ役割行動に関連する心理社会的要因を明らかにする疫学的研究，それを踏まえて養護教諭として，保健委員の生徒と協働して学校全体を巻き込んで行ったヘルスプロモーション活動の実践研究，さらに，大学教員の立場で外部講師として行った，いじめに対する態度や認識・行動

の変容を目指した授業開発研究としてまとめています.

　このように，今まで行ってきた研究の成果を一冊の本としてまとめることができましたのは，多くの方々の温かいご支援のお陰だと思っております.

　まず，本研究の調査や授業の依頼を快く引き受けて下さった高等学校の管理職の先生方はじめ諸先生方，生徒の皆様，また，いじめ防止の授業にご協力頂いた了德寺大学の学生の皆様に心よりお礼申し上げます.

　また，本書の出版にあたり，指導教官の東京学芸大学の朝倉隆司先生に心から感謝申し上げます. 朝倉先生には，博士課程を通して，研究とはなんであるのか，何を大切にしなければならないのか，など研究に対する姿勢や分析の仕方，論文の書き方まで，丁寧なご指導と温かいご支援を賜りました.

　そして，千葉大学の保坂享先生，横浜国立大学の物部博文先生，埼玉大学の戸部秀之先生，東京学芸大学の竹鼻ゆかり先生には，大変貴重なご指導を賜りました. 深く感謝申し上げます. さらに，修士課程から，ご指導頂きました千葉大学の高橋浩之先生，博士課程を強く勧めて下さった千葉大学の故岡田加奈子先生には，いつも温かい励ましの言葉を賜りました. 心よりお礼申し上げます.

　朝倉研究室の先輩，後輩の皆様には，様々な面で支えていただきました. ありがとうございました. 厚くお礼申し上げます.

　さらに，本書の刊行にあたりまして，風間書房，風間敬子氏，編集にあたりましては斉藤宗親氏に，多大なるご配慮を頂き，心より厚くお礼申し上げます.

　最後になりますが，博士課程在学中，いつも応援してくれた夫と息子たち，見守ってくれた母に対し，心より感謝いたします.

2019年9月

佐久間浩美

資　料

資料1　これっていじり？いじりといじめ　リーフレット（表側）

いじりといじめ、どう違うの？

いじり

→　からかいと似た、好意の表現の一種。相手が嫌がっていると思ったら自発的に止めるもの。本人や周りの人たちが不快感を持たないこと。

いじめ

→　悪意をもって接する行為。いじっているだけと言い訳をする場合もある。ターゲットをみつけて、それをみんなが楽しんでいること。

　いじられている人は、内心ではいじめではないかと思っていても、自分で「いじられキャラ」を演じ、いじられることを自分の居場所にしている場合や、仕方がないと諦めている場合が多くみられます。笑っていますが心の中では泣いているのです。

「冗談だよ」、「からかっているんだよ」と言っても、そのことで、相手が深く傷ついていれば、それは、「いじめ」なのです。

困った時には

　いじめプロジェクトチームは、いじめのない学校を目指しています。

　スマイルハートネットワークとは、いじめのない学校を目指した活動のことをいいます。みなさんからの相談を受け付けています。

　みなさんと一緒に問題を解決していきたいと思っています。困った時には、相談しにきてください。チームのメンバーが親身に相談にのります。

いじめ防止プロジェクトチーム
（ＢＹ保健委員）

資料2　これっていじり？いじりといじめ　リーフレット（裏側）

いじめとは

相手の肉体的・心理的苦痛を快楽的に楽しむことを目的として行われるさまざまな行為です。

☆いじめに関する調査では、「小4から中3までの6年間にいじめと無関係でいられる生徒は1割」しかないと指摘されています。

いじめの分類

☆暴力系のいじめ

　　たたく、なぐる、ける

　　身体へ直接的なダメージを与える

☆コミュニケーション系のいじめ

　　悪口、無視、仲間外れ

　　被害者に不快感、精神的ダメージを与える

いじめがあったら・・・ 問題を解決する方法を考えよう

① 何が原因なのか考えよう

　いじりがエスカレートしている　等

② 多くの解決策を考えよう

　友達、先輩、先生、親に相談する、
　直接、相手と話し合う　等

③ 自分にとって一番良い方法を選ぼう

　友達に付き添ってもらって相手と話し合う

④ 実行しよう

　勇気をもってやってみる

⑤ 良かったのか評価し、次に活かそう

　うまくできたかどうか振り返って、2度と同じことが起こらない方法を考える

いじめのないクラスを つくるルール

いじめは、集団でおきるものです。まず、いじめのないクラスを作ることが大切です。いじめのないクラスをつくるルールをつくってみませんか？

例）言われたら傷つく言葉は使いません。

　　本人がいやがるあだ名はつけません。

　　友達内で上下関係をつくりません。

　　人の嫌がることはしません。

　　「いじっている、遊んでいる」と言って

　　「いじめ」ていることを見逃しません。

お金の貸し借り、一方的なおごりはしません。

いじめの構造

ただ見ている人

いじめている人

いじめられている人

注意する人

相談にのる人

いじめは、いじめている人だけの問題ではありません。ただ、だまって見ている人、見て見ぬふりの人が多いほど、いじめは激しくなります！！

いじめをみたら・・・・

自分には関係ないとか、自分にはどうしようも出来ないとか思わずにいじめを止める勇気を持ってください。

自分には関係ないと思っていませんか？

その場で何もできなくても、後で声をかけたり、話を聞いたりすることはできるはずです。相手の気持ちに寄り添って、相手の立場にたって考えることが大切です。

いじめ
NO！！

いじめは、犯罪です

町で暴力や犯罪を見かけたら、警察に知らせるのが当たり前のように、学校の中でいじめ、暴力行為を見かけたら、先生に知らせるのは当たり前のことです。いじめをみたら、通報する義務があるのです。

● 恐喝罪…脅してお金を巻き上げる。

● 暴行罪…暴力を振るう。

● 暴行致傷罪…相手にけがをさせる。

● 名誉棄損罪…ことばで脅す。嘘の噂を流す。

● 強制わいせつ罪…いやがっている人の下着姿や裸の写真を撮る。

● 窃盗罪…万引きさせた方も共犯となる。

● 傷害罪…メールなどでうつ状態に追い込む。

いじめは、絶対許さない

いじめは、こころと身体を傷つける暴力です。

いじめられている人、いじめを見ている人たちは、何も変わらないと思わず、友達、家族、先生に相談してください。また、スクールカウンセラーの先生は、毎週木曜日にいらしています。相談したい人は、担任の先生か、養護の先生に申し出てください。

いじめのない学校

資料3 授業で使用したワークシート

「いじめのない学校」

組　　性別　（男　女）

番号シールを貼ってください

1　あなたにとって友だちとはどのような存在ですか？

2　なぜ、わたるがクラスの友だちからいじめられるようになってしまったのでしょうか？

3　この状態がずっと続くとどうなってしまうのでしょうか？
　　わたるはどうなるのか？グループはどうなるのか？クラスはどうなるのか？
　　さまざまな視点で結果を予測してください。

　　　① わたるはどうなるのか：

　　　② 男子グループはどうなるのか：

　　　③ 女子グループはどうなるのか：

　　　④ クラスはどうなるのか：

4　わたるはこのような結果になるような事を本当にしたのでしょうか？

5　もし、このようなクラスで、いじめをなくそうとしたら何ができるでしょうか？
　　男子は男子グループ、女子は女子グループの中にいたとしたら、何ができるのか考えてください。

6　今日の授業で学んだこと考えたことについてお書きください。

ありがとうございました。

資料4　質問紙調査

　　この調査は，高校生のみなさんが，普段考えているようなことや行っていることを知ることを目的としています．組，性別は書いて頂き，番号のシールを貼って頂きますが，データは記号化し，誰の回答か分からない形で処理します．これらの調査結果は，高校生のこころの健康対策の基礎資料として使用させて頂きます．なお，調査に協力しなくても，あなたに不利益が生じることはありませんので，協力したくない人は回答拒否の項目を○で囲ってください．
協力したくない人は○で囲ってください→　回答拒否　　　以下回答不要です

　　1年（　　　）組　（　男　　女　）

番号シールを
貼ってください

I　それぞれの項目で，もっともあなたに当てはまるものを5つの中から1つ選んで○をつけてください．

		よく当てはまる	やや当てはまる	どちらともいえない	あまり当てはまらない	全く当てはならない
1	ささいなことにも，かっとしやすい方だ	1	2	3	4	5
2	私を怒らせるのは簡単だと思う	1	2	3	4	5
3	毎日の生活の中で怒りを感じることはめったにない	1	2	3	4	5
4	遠まわしにでも他人から非難がましいことを言われると頭にくる	1	2	3	4	5
5	人から何かいやみを言われても，あまりむっとしたりはしない	1	2	3	4	5
6	なんとなくいらいらしていることが多い	1	2	3	4	5

7	悲しんでいる人をみると，なぐさめてあげたくなる	1	2	3	4	5
8	悩んでいる友達がいても，その悩みを分かち合うことができない	1	2	3	4	5
9	他人が失敗しても同情することはない	1	2	3	4	5
10	人が頑張っているのを見たり聞いたりすると，自分には関係なくても応援したくなる	1	2	3	4	5
11	まわりに困っている人がいると，その人の問題が早く解決するといいなぁと思う	1	2	3	4	5

Ⅱ　次の1〜10の文を読んで，それらの特徴がもっともあなたに当てはまるものを4つの中から1つ選んで○をつけて下さい.

		当てはまる	やや当てはまる	あまり当てはまらない	当てはまらない
1	何かをしようとするときには，十分に情報を収集する	1	2	3	4
2	難しいことをするときに，できないかもしれないと考えてしまう	1	2	3	4
3	失敗した場合，どこが悪かったかを反省しない	1	2	3	4
4	何かを実行するときには，自分なりの計画を立てる	1	2	3	4
5	失敗すると次回もダメだろうと考える	1	2	3	4
6	作業しやすい環境を作ることが苦手だ	1	2	3	4
7	困ったときには，まず何が問題かを明確にする	1	2	3	4
8	しなくてはならないことよりも楽しいことを先にしてしまう	1	2	3	4
9	何をしたらよいか考えないまま行動を開始してしまう	1	2	3	4
10	自分ならできるはずだと心の中で自分を励ます	1	2	3	4

Ⅲ　「あなたに元気がないと，すぐに気づいてはげましてくれる」ことについて，もっとも当てはまるものを4つの中から1つ選んで○をつけてください．

		当てはまる	やや当てはまる	あまり当てはまらない	当てはまらない
1	あなたの友だちは，あなたに元気がないと，すぐに気づいてはげましてくれる	1	2	3	4
2	あなたの先生は，あなたに元気がないと，すぐに気づいてはげましてくれる	1	2	3	4
3	あなたの家族は，あなたに元気がないと，すぐに気づいてはげましてくれる	1	2	3	4

Ⅳ　次に書いてある気持ちや身体の調子は，このごろのあなたに，どれ位当てはまりますか？　もっとも当てはまるものを4つの中から1つ選んで○をつけてください．

		当てはまる	やや当てはまる	あまり当てはまらない	当てはまらない
1	悲しい	1	2	3	4
2	頭の回転がにぶく，考えがまとまらない	1	2	3	4
3	心が暗い	1	2	3	4
4	頭痛がする	1	2	3	4
5	泣きたい気分だ	1	2	3	4
6	頭が重い	1	2	3	4
7	根気がない	1	2	3	4
8	体がだるい	1	2	3	4
9	腹立たしい気分だ	1	2	3	4

126

10	むずかしいことを考えることができない	1	2	3	4
11	頭がくらくらする	1	2	3	4
12	だれかに，いかりをぶつけたい	1	2	3	4
13	いらいらする	1	2	3	4
14	いかりを感じる	1	2	3	4
15	ふゆかいな気分だ	1	2	3	4
16	体が熱っぽい	1	2	3	4
17	不安を感じる	1	2	3	4
18	さみしい気持ちだ	1	2	3	4
19	ひとつのことに集中することができない	1	2	3	4
20	勉強が手につかない	1	2	3	4

V　いじめについて，あなたはどう考えていますか？　あなたの考えにもっとも近い
　　ものを4つの中から1つ選んで○をつけてください．

		そう思う	ややそう思う	あまりそう思わない	そう思わない
1	いじめがあっても，たいしたことではない	1	2	3	4
2	いじめは，少しくらいはあった方がよい	1	2	3	4
3	いじめは，必ずしも，悪いものではない	1	2	3	4
4	いじめっ子の言い分も尊重するべきだ	1	2	3	4
5	いじめられている子をかばってあげたい	1	2	3	4
6	クラスでいじめが起こったら，クラス全員に責任がある	1	2	3	4
7	いじめられている子をみたら，助けるべきだ	1	2	3	4
8	いじめ問題を学級で話し合うべきだ	1	2	3	4
9	後輩をしごくことも時には必要だ	1	2	3	4

10	けんかぐらいできなくては一人前ではない	1	2	3	4
11	冗談として，人をからかうくらいは許されるべきだ	1	2	3	4
12	いけないことをされたら，少しくらいは仕返ししてもよい	1	2	3	4
13	クラスで起こったけんかやいじめを先生に言うと，仕返しされるので，言いたくない	1	2	3	4
14	嫌いな子を無視してしまうのは，仕方がない	1	2	3	4
15	いじめはなくならないだろう	1	2	3	4
16	かげでだったら，少しくらい人の悪口を言ってもよい	1	2	3	4
17	どんなにわがままな子がいても，集団で責めてはいけない	1	2	3	4
18	いじめは，絶対にしてはいけない	1	2	3	4

Ⅵ　あなたが，過去1年間で経験したことについて，それぞれの項目でもっとも当てはまるものを4つの中から1つ選んで〇をつけてください．

		全くない	1年間に1、2回	月に2、3回	1週間に1回以上
1	悪口やからかいなど，嫌なことを言われた	1	2	3	4
2	悪口やからかいなど，嫌なことを言った	1	2	3	4
3	悪口やからかいなど，嫌なことを言っているのを黙って見ていた	1	2	3	4
4	悪口やからかいなど，嫌なことを言っているのを注意した	1	2	3	4
5	悪口やからかいなど，嫌なことを言われている人の相談にのった	1	2	3	4
6	遊ぶふりをして，たたかれたり，けられた	1	2	3	4
7	遊ぶふりをして，たたいたり，けった	1	2	3	4

8	遊ぶふりをして，たたいたり，けったりしているのを黙って見ていた	1	2	3	4
9	遊ぶふりをして，たたいたり，けったりしているのを注意した	1	2	3	4
10	遊ぶふりをして，たたかれたり，けられている人の相談にのった	1	2	3	4
11	仲間はずれに，されたり，無視された	1	2	3	4
12	仲間はずれに，したり，無視した	1	2	3	4
13	仲間はずれに，したり，無視しているのを黙って見ていた	1	2	3	4
14	仲間はずれにしたり，無視しているのを注意した	1	2	3	4
15	仲間はずれにされたり，無視されている人の相談にのった	1	2	3	4

Ⅶ　あなたは次の場面において，どの程度できると思いますか？　もっとも当てはまるものを5つの中から1つ選んで○をつけてください.

		上手くできると思う	少しできると思う	どちらともいえない	あまりできないと思う	全くできないと思う
1	親しい友人が，ある人に対して悪口やからかいなど，嫌なことを言っている時に「やめなよ」と言うことができると思いますか？	1	2	3	4	5
2	親しい友人が，ある人に対して遊ぶふりをして，たたいたり，けったりしている時に「やめなよ」と言うことができると思いますか？	1	2	3	4	5
3	親しい友人が，ある人に対して仲間はずれにしたり，無視している時に「やめなよ」と言うことができると思いますか？	1	2	3	4	5

Ⅷ　いじめのない学校をつくるために，どうすればよいのか，あなたの考えをお書き
　　ください．

　　　　　　　　　　　　　　　　　　　　　　　　　○ご協力ありがとうございました．○○

著者略歴

佐久間浩美（さくま　ひろみ）

博士（教育学）・養護教諭

1984年　東京都公立小学校養護教諭
1989年　東京都公立高等学校養護教諭
2006年　国立大学法人千葉大学大学院教育学研究科修士課程養護教育専攻修了
2014年　了徳寺大学健康科学部看護学科准教授
2015年　了徳寺大学教養部准教授（現職）
2017年　東京学芸大学大学院連合学校教育学研究科学校教育学専攻
　　　　健康・スポーツ系教育講座修了　博士（教育学）の学位取得

著者は，主に教育現場の健康課題を解決するヘルスプロモーション活動についての研究を行っている．2004年，千葉大学大学院教育学研究科修士課程に入学し，高校生の性に関わる課題を解決する新しい性教育指導法についての研究を行い，その後も，精神の健康，歯と口の健康など，高等学校における健康教育の分野において指導法を開発し，学術論文にまとめている．2017年には，博士論文の一部を投稿した「いじめを容認する態度といじめに関わる役割行動に関する検討」の論文が，学校保健学の発展に寄与したと認められ，平成28年度一般社団法人日本学校保健学会　学会賞を受賞している．

高校生のいじめの心理社会的要因と防止教育実践の評価

2019年9月30日　初版第1刷発行

著　者　　佐 久 間 浩 美

発行者　　風 間 敬 子

発行所　　株式会社風 間 書 房
〒101-0051　東京都千代田区神田神保町 1-34
電話 03(3291)5729　FAX 03(3291)5757
振替 00110-5-1853

印刷　太平印刷社　　製本　高地製本所

©2019　Hiromi Sakuma　　　　　　　　NDC分類：140
ISBN978-4-7599-2290-5　　Printed in Japan
JCOPY〈(社)出版者著作権管理機構　委託出版物〉